읽으면 저절로 말문이 트이는

영어회화 패턴 226

황선문 지음

예스북

초판 1쇄 인쇄 2006년 2월 27일
초판 14쇄 발행 2017년 3월 7일

지은이 | 황선문
펴낸이 | 양봉숙
편 집 | 김신애
디자인 | 김희정
마케팅 | 이주철

펴낸곳 | 예스북
출판등록 | 2005년 3월 21일 제320-2005-25호
주소 | 서울시 마포구 서강로 131 신촌아이스페이스 1107호
전화 | (02) 337-3054
팩스 | 0504-190-1001
E-mail | yesbooks@naver.com
홈페이지 | www.e-yesbook.co.kr

ISBN 89-956675-9-1 03740

읽으면 저절로 말문이 트이는 **영어회화패턴 226**은
일본의 출판사 오픈 나렛지(オープン ナレッジ)와 계약하여
일본에서 읽으면 저절로 말문이 트이는 **영어회화패턴 224**로 출간되었다.

들어가는 말

1 들어가면서 ::

이 책은 영어회화를 잘 하고 싶지만 복잡하고 어려운 문법을 공부하는 것이 부담스러워 쉽게 도전하지 못하는 분들을 위해 만들어진 교재입니다. 패턴을 공부하는 것은 영어 회화 실력을 한 단계 업그레이드시킬 수 있는 지름길이 될 수 있습니다. 패턴에 익숙해지다 보면 문법구조를 자연스레 습득하게 되고, 자유자재로 응용이 가능하여 어휘력도 풍부해집니다. 그러나 문법과 회화라는 두 마리 토끼를 한꺼번에 잡으려면 제대로 된 패턴을 가지고 하루에 한 시간씩이라도 꾸준히 반복해서 학습하는 것이 중요합니다. 우선 예문을 반복해서 듣고 원어민의 발음과 리듬대로 따라하는 연습을 합니다. 머릿속에 예문의 내용을 통째로 집어넣을 수 있도록 반복해서 훈련해야 합니다. 억지로 달달 외우는 식의 암기를 위한 암기가 아니라 예문들이 입에 착 붙을 때까지 반복해서 듣고, 따라하다 보면 저절로 암기가 되고, 패턴에 익숙해지면 자연스레 말문도 트입니다. 중요한 건 눈으로 읽는 게 아니라 소리 내어 크게 읽는 것입니다. 영어공부에 왕도(王道)는 없습니다. 그러나 정도(正道)는 있습니다. 많이 듣고, 많이 읽고, 많이 말하는 것이 바로 그것입니다.

2 효과적인 학습방법 ::

1. 듣기
본문을 펼치지 말고 그냥 귀로만 듣습니다. 처음에는 잘 안 들리겠지만 반복해서 듣다 보면 조금씩 아는 단어들이 들립니다. 원어민의 발음과 억양과 악센트에 귀 기울여 리듬감도 함께 익히도록 합니다.

2. 읽기
본문을 펼쳐놓고 원어민의 발음을 들으며 그 리듬대로 예문을 함께 따라 읽어 봅니다. 이 때 반드시 소리를 내어 읽어야 합니다. 눈으로만 읽는 것은 소용없습니다. 입에 착 붙을 때까지 반복해서 읽습니다.

3. 말하기
예문의 패턴들이 익숙해지면 본문 없이 원어민의 발음을 따라서 말해 봅니다. 차츰 듣지 않고 혼자서도 말할 수 있도록 연습합니다. 계속 반복해서 연습한 후 이제 새로운 단어들을 넣어 응용을 해봅니다.

목차

Part 1 영어회화를 위한 기초 패턴

Unit 01 Thank you...
001	Thank you for...	~해 주셔서 감사합니다	013
002	I appreciate...	~에 감사드립니다	014
003	It's very nice of you to...	~에 감사드립니다	015

Unit 02 I'm sorry...
004	I'm sorry to...	~해서 미안해요 / ~해서 유감이에요	017
005	I'm sorry about...	~에 대해 미안해요 / ~은 안됐어요	018
006	I'm sorry I can't...	~할 수 없어서 미안해요	019

Unit 03 I am...
007	I'm glad...	~하게 되어 기뻐요	021
008	I'm here to...	~하러 왔는데요	022
009	I'm trying to...	~을 해보려고 하는 중이에요	023
010	I'm looking for...	~을 찾고 있습니다	024
011	I'm sure...	나는 ~을 확신합니다	025
012	I'm afraid...	유감스럽지만 ~입니다	026
013	I'm going to...	난 ~할 거예요 / ~에 가는 중이다	027
014	I'm not going to...	난 ~하지 않을 거예요	028
015	I was just going to...	막 ~하려던 참이에요 / 막 ~하려고 했어요	029

Unit 04 This is...
016	This is going to...	이것은 ~하게 될 거예요	031
017	This is what...	이것이 바로 ~예요	032
018	This is why...	이것이 바로 ~하는 이유예요	033

Unit 05 That is...
019	That's what...	그게 바로 ~예요	035
020	That's why...	그게 바로 ~한 이유예요	036
021	That's because...	그건 바로 ~하기 때문이에요	037
022	That's how...	그게 바로 ~한 방법이에요	038

Unit 06 I can't...
023	I can't stop -ing	~하는 것을 멈출 수가 없어요	040
024	I can't believe...	~라니 믿을 수가 없어요	041
025	I can't wait...	~하고 싶어 견딜 수가 없어요 / 빨리 ~하고 싶어요	042
026	I can't stand...	~를 참을 수가 없어요	043
027	I can't think of...	~가 생각나지 않아요	044

Unit 07 I know...

028	I know what...	~가 뭔지 알아요	046
029	I don't know what...	~가 뭔지 모르겠어요	047
030	I don't know why...	왜 ~하는지 모르겠어요	048
031	I don't know how...	어떻게 ~해야 하는지 모르겠어요	049
032	I don't know where to...	어디에서 ~해야 할지 모르겠어요	050

Unit 08　I like...

033	I like to...	나는 ~을 좋아해요 / ~하고 싶어요	052
034	I like -ing	나는 ~하는 것을 좋아해요	053
035	I like your...	당신의 ~이 좋은데요(맘에 들어요)	054

Unit 09　I think...

036	I think (that)...	나는 ~라고 생각해요	056
037	I don't think you should...	나는 당신이 ~하면 안 된다고 생각해요	057
038	I'm thinking of...	나는 ~하려고 생각 중이에요	058

Unit 10　I want...

039	I want to...	나는 ~하고 싶어요	060
040	I want you to...	당신이 ~해주었으면 해요	061
041	You don't want to...	당신이 ~해선 안 될 것 같아요	062
042	I just wanted to...	나는 다만 ~하고 싶었을 뿐이에요	063

Part 2　영어회화를 위한 질문 패턴

Unit 11　Are you...?

043	Are you sure...?	~이 확실해요?	067
044	Are you going to...?	당신 ~할 거예요?	068
045	Are you ready to...?	~할 준비 되었나요?	069
046	Are you interested in...?	~에 관심 있어요?	070
047	Are you done with...?	~은 다 끝냈어요?	071

Unit 12　Is it...?

048	Is it okay if...?	~해도 될까요?	073
049	Is it all right to...?	~해도 괜찮을까요?	074
050	Is it possible...?	~가 가능한가요? / ~할 수 있나요?	075

Unit 13　Is there...?

051	Is there a...?	~가 있습니까?	077
052	Is there any...?	~좀 있습니까?	078
053	Is there anything...?	다른 ~은 없습니까? / 뭔가 ~한 건 없습니까?	079
054	Is there anyone who...?	~하는 사람 있습니까?	080
055	Is there something...?	~한 뭔가 있습니까?	081

Unit 14 Do you want...?

056	Do you want to...?	~할래요? / ~하고 싶어요?	083
057	Do you want me to...?	내가 ~할까요?	084
058	What do you want to...?	무엇을 ~하고 싶어요?	085
059	When do you want to...?	언제 ~하고 싶어요?	086
060	Why do you want to...?	왜 ~하고 싶어요?	087

Unit 15 Do you think...?

061	Don't you think...?	~라고 생각하지 않아요?	089
062	What do you think of...?	~에 대해 어떻게 생각해요?	090
063	Why do you think...?	왜 ~라고 생각해요?	091

Unit 16 Do you know...?

064	Do you know what...?	~를 아세요?	093
065	Do you know why...?	왜 ~한지 아세요?	094
066	Do you know when...?	언제 ~하는지 아세요?	095
067	Do you know how to...?	~하는 방법을 알아요?	096
068	Do you know anything about...?	~에 대해 뭔가 아는 거 있어요?	097
069	Do you know if...?	~인지 아닌지 알아요?	098

Unit 17 Do you have...?

070	Do you have any...?	~(라도) 좀 있나요?	100
071	Do you have anything to...?	(뭔가) ~한 게 있어요?	101
072	Do I have to...?	내가 ~해야 되나요?	102

Unit 18 Can I...?

073	Can I help you...?	~하는 것을 도와드릴까요?	104
074	Can I get you...?	~를 갖다 드릴까요?	105
075	Can I have...?	~ 좀 해주실래요? / ~ 좀 갖다 주실래요?	106
076	Can I borrow...?	~ 좀 빌려주실래요?	107
077	Can I use...?	~ 좀 써도 될까요?	108

Unit 19 Can you...?

078	Can you give me...?	~을 해줄래요?	110
079	Can you tell me...?	~을 알려 주시겠어요?	111
080	Can you show me how to...?	~하는 방법 좀 알려주시겠어요?	112
081	Can you lend...?	~ 좀 빌려 주실래요?	113

Unit 20 Shall+주어...?

| 082 | Shall we...? | 우리 ~할까요? | 115 |
| 083 | Shall I...? | 제가 ~할까요? | 116 |

Unit 21 Would you...?

084	Would you please...?	~해 주시겠어요?	118
085	Would you mind...?	~하는 것 괜찮아요? / ~해 주시면 안 될까요?	119
086	Would you mind if I...?	~해도 될까요? / ~해도 되겠습니까?	120
087	Would you like to...?	~하시겠어요?	121
088	Would you like me to...?	제가 ~할까요?	122
089	What would you like to...?	무엇으로 ~하시겠어요?	123

090	When would you like to...?	언제 ~하시겠어요?	124
091	Where would you like to...?	어디에(서) ~하시겠어요?	125
092	How would you like...?	~은 어떻게 해드릴까요? / ~은 어떻게 하시겠어요?	126

Unit 22 What...?

093	What kind of...?	~은 어떤 종류의 ~예요? / 어떤 종류의 ~을 ~하세요?	128
094	What brings you...?	~에 어쩐 일로 오셨어요?	129
095	What makes you...?	왜 ~ 하세요? / 무엇이 당신을 ~하게 만들었나요?	130
096	What happened to...?	~는 어떻게 된 거예요? / ~에게 무슨 일 있어요?	131
097	What do you mean...?	~가 무슨 말인가요? / ~는 무슨 뜻인가요?	132
098	What should I...?	내가 무엇을 ~해야 하나요?	133
099	What about...?	~는 어때요? / ~는 어떻게 되나요?	134
100	What if...?	만약 ~하면 어떻게 하지요? / ~하는 게 어떻까요?	135
101	What's the best way to...?	~하기에 가장 좋은 방법은 뭐죠?	136

Unit 23 Where...?

102	Where are you -ing...?	당신은 어디서 ~하나요?	138
103	Where can I...?	어디서 ~할 수 있죠? / 어디서 ~하면 되죠?	139
104	Where's a good place to...?	~하기 좋은 곳은 어디죠?	140

Unit 24 When...?

105	When are you -ing...?	언제 ~할 거예요?	142
106	When can I...?	언제 ~할 수 있을까요? / 언제 ~할까요?	143
107	When was the last time...?	마지막으로 ~한 게 언제예요?	144

Unit 25 Who...?

108	Who is your...?	당신의 ~는 누구죠?	146
109	Who is going to...?	누가 ~할 거죠?	147
110	Who did you...?	누구랑 ~했어요? / 누구에게 ~했어요?	148

Unit 26 Why...?

111	Why are you...?	왜 ~해요?	150
112	Why are you always...?	당신은 왜 항상 ~해요?	151
113	Why don't you...?	당신 ~하는 게 어때요?	152
114	Why don't we...?	우리 ~할래요?	153
115	Why didn't you...?	왜 ~하지 않았어요?	154

Unit 27 Which...?

116	Which is+비교급?	어느 것이 더 ~해요?	156
117	Which ~ do you prefer?	어떤 ~을 좋아해요?	157
118	Which one do you...?	어느 것을 ~하세요?	158
119	Which do you prefer, A or B?	A와 B중에서 어느 것이 더 좋아요?	159

Unit 28 How...?

120	How about...?	~어때요? / ~해 줄래요?	161
121	How can I...?	어떻게 하면 ~할 수 있을까요?	162
122	How do I...?	~을 어떻게 하죠?	163
123	How do you like...?	~가 어때요? / ~을 어떻게 해드릴까요?	164
124	How do you feel...?	~은 어때요? / ~을 어떻게 생각해요?	165

| 125 | How come...? | 어떻게 ~할 수 있죠? | 166 |

Unit 29 How+부사/형용사...?

126	How many...?	얼마나(수량)...?	168
127	How much...?	얼마나(가격/양)...?	169
128	How far...?	얼마나(거리)...?	170
129	How long...?	얼마나(길이/기간)...?	171
130	How long does it...?	~은 얼마나(소요시간) 걸리죠?	172
131	How long have you...?	~한 지 얼마나(지나온 시간) 됐어요?	173
132	How often...?	얼마나 자주 ~하세요?	174
133	How soon...?	언제..? / 얼마나 빨리..?	175

Unit 30 Have you...?

134	Have you got...?	~ 있어요?	177
135	Have you ever+p.p...?	~해본 경험 있어요?	178
136	Have you seen...?	~을 본 적 있어요?	179
137	Have you heard about / of...?	~에 대해 들었어요?	180

Part 3 영어회화를 위한 필수 패턴

Unit 31 I have...

138	I have+명사...	~을 가지고 있다 / 먹다	183
139	I have to...	~을 해야만 합니다	184
140	You have to...	당신은 ~해야 돼요	185
141	You don't have to	당신은 ~하지 않아도 돼요	186
142	I've got to...	~을 해야겠어요 / ~을 해야 해요	187

Unit 32 I have+p.p...

143	I've been...	~을 했어요 / 해 봤어요 / 해오고 있어요	189
144	I've done...	~을 다 했어요	190
145	I've heard...	~에 대해 들었어요	191
146	최상급+I've ever p.p.	내가 지금까지 ~한 것 중 최고예요	192
147	I've never+p.p...	나는 ~해본 적이 없어요	193
148	I haven't...	나는 ~하지 못했어요 / 않았어요	194

Unit 33 I must...

149	I must+동사...	나는 ~을 해야만 해요	196
150	You must be...	당신은 ~하겠군요	197
151	must have+p.p.	틀림없이 ~했을 거예요	198

Unit 34 I will...

152	I'll get...	나는 ~을 할 거예요 / 내가 ~할 게요	200
153	I'll have...	저는 ~을 주세요 / ~ 먹을래요	201
154	You'll have to...	당신은 ~해야 할 거예요	202
155	I'll check...	~은 제가 알아볼게요	203
156	I'll take care of...	~은 내가 처리할게요 / 돌봐줄게요	204
157	Will you...?	~해 줄래요?	205
158	Will that...?	~하게 될까요?	206

Unit 35 I'd like...

159	I'd like...	~를 주세요 / ~를 원합니다	208
160	I'd like to...	~하고 싶은데요	209
161	I'd like to give you	~ 당신에게 ~ 를 주고 싶어요	210
162	I'd like to let you know...	~을 알려 드리고 싶어요	211
163	I'd like to, but...	저도 그러고 싶지만...	212

Unit 36 I would...

164	I'd say (that)...	아마 ~일 걸요	214
165	I'd appreciate it if...	~해 주신다면 감사하겠습니다	215
166	I'd rather...	~하는 게 낫겠어요 / 차라리 ~하겠어요	216
167	I'd rather not...	~하지 않는 게 낫겠어요 / 차라리 ~하지 않겠어요	217
168	I'd rather... than...	~하느니 차라리 ~하겠어요 / ~보다는 ~가 낫겠어요	218
169	Would you rather A or B?	A와 B중 어떤 게 더 나아요?	219

Unit 37 had better

170	You'd better...	당신은 ~하는 게 좋겠어요 / ~하도록 해요	221
171	You'd better not...	당신은 ~하지 않는 게 좋겠어요	222
172	I think you'd better...	당신은 ~하는 편이 좋을 것 같아요	223
172	We'd better...	우리 ~하는 게 좋겠어요 / 우리 ~해요	224

Unit 38 You should...

174	You should try...	~해봐야 해요	226
175	You should learn how to...	당신은 ~하는 것 좀 배워야겠어요	227
176	You shouldn't...	~하면 안돼요	228
177	You should have...	~했어야 했어요	229
178	I should have...	나는 ~했어야 했어요	230
179	Should I...?	내가 ~을 해야 하나요?	231
180	Maybe you should...	아마 ~해야 할 거예요	232

Unit 39 Let me...

181	Let me+동사	내가 ~할게요 / ~해 줄게요	234
182	Let me check...	~을 확인해 볼게요 / 한번 알아볼게요	235
183	Let me think about...	~에 대해 생각해 볼게요	236
184	Let me tell you about...	~에 대해 말해 줄게요	237
185	Let me see if...	~인지 아닌지 내가 한번 볼게요	238
186	Let me know if...	~하면 내게 알려줘요	239
187	Let me know what...	~을 내게 알려줘요	240

Unit 40 Let's...

188	Let's go...	~에 갑시다	242
189	Let's get...	~합시다	243
190	Let's see...	~을 (어디 한번) 봅시다	244

Unit 41 I never...

191	I never thought...	~한 생각을 전혀 못했어요	246
192	I never dreamed...	꿈에도 ~하지 못했어요	247
193	I never expected...	~라니 전혀 뜻밖이네요	248

194	I never want to...	절대 ~하고 싶지 않아요	249
195	I would never...	절대 ~하지 않을 거예요	250

Unit 42 I wonder...

196	I wonder what...	~이 궁금해요	252
197	I wonder when...	언제 ~하는지 궁금해요.	253
198	I wonder why...	왜 ~한지 궁금해요	254
199	I wonder how...	어떻게 ~한지 궁금해요	255
200	I wonder if...	~할지 궁금해요	256
201	I was wondering if...	~할지 모르겠네요.	257
202	No wonder...	그래서 ~하군요 / 어쩐지 ~하더라니	258

Unit 43 It seems...

203	It seems (that)...	~인 것 같아요	260
204	It seems like...	~인 것 같아요	261
205	It seems as if...	~인 것 같아요	262
206	You seem to...	당신은 ~한 것 같아요	263

Unit 44 오감동사

207	look like...	~처럼 보여요	265
208	sound like...	~처럼 들려요	266
209	smell...	~한 냄새가 나요	267
210	taste...	~한 맛이 나요	268
211	feel like...	~처럼 느껴져요	269
212	I don't feel like...	~할 기분이 아니에요 / ~하고 싶지 않아요	270

Unit 45 If you...

213	If you have any...	당신에게 ~이 있다면	272
214	If you don't mind...	괜찮으시다면	273
215	If you ask me...	내 생각을 말하자면 ~	274
216	If I were you...	내가 당신이라면 ~	275
217	If there's...	만약 ~이 있다면	276

Unit 46 take

218	It takes+명사...	~만큼 걸려요 / 필요해요	278
219	take A to B...	A를 B로 데리고 가다 / 가지고 가다	279
220	take ~ for granted	~을 당연하게 여기다	280

Unit 47 mean

221	mean to...	~할 생각이다 / 의도이다	282
222	I didn't mean to...	~하려던 게 아니었어요	283
223	(Do) you mean...?	(그러니까) ~라는 말인가요? / 당신 말은 ~라는 거예요?	284

Unit 48 get

224	be getting+형용사...	점점 ~해지고 있어요	286
225	get+사람+사물...	~에게 ~을 사다주다 / 가져다주다	287
226	get+명사+과거분사...	~당하다 / 해 받다	288

part 01

영어회화를 위한 기초 패턴

Unit 01 ● Thank you...
Unit 02 ● I'm sorry...
Unit 03 ● I am...
Unit 04 ● This is...
Unit 05 ● That is...
Unit 06 ● I can't...
Unit 07 ● I know...
Unit 08 ● I like...
Unit 09 ● I think...
Unit 10 ● I want...

Unit 1.

미국인들이 거의 습관처럼 입에 달고 다니는 Thank you나 Excuse me와 같은 기본적인 인사말은 주어가 생략된 표현이다. 관용적인 표현이므로 그대로 쓰면 된다. 또한 감사의 표현에는 우리가 흔히 쓰는 Thank you 외에도 여러 가지 표현이 있으니 잘 익혀두도록 하자. 아는 만큼 표현도 풍부해질 수 있으므로.

◎ Basic Expressions

1. Thank you. — 고마워요.
2. Thanks a lot. — 정말 고마워요.
3. Thank you so much. — 정말 고마워요.
4. Thank you very much. — 정말 고마워요.
5. Thank you for your help. — 도와주셔서 감사해요.
6. Thank you for your time. — 시간 내주셔서 감사해요.

Thank you for ~

~해 주셔서 감사합니다

Useful Expressions

❶ **Thank you for** calling.   전화 주셔서 감사합니다.
❷ **Thank you for** waiting.   기다려 주셔서 감사합니다.
❸ **Thank you for** your trouble.   애써 주셔서 고맙습니다.
❹ **Thank you for** the compliment.   칭찬해 주셔서 감사합니다.
❺ **Thank you for** having me to dinner.   저녁 식사를 대접해 주셔서 감사합니다.

Dialogue

A : Thank you for joining us.
B : 초대해 주셔서 감사합니다.
A : Let me take your coat.
B : Thank you.

A : 함께 해 주신 것을 환영합니다.
B : **Thank you for inviting me.**
A : 코트는 이리 주세요.
B : 고맙습니다.

Exercises

1. Thank you for _____.   와 주셔서 감사합니다.
2. Thank you for _____.   모든 것에 감사드립니다.
3. Thank you for a _____ _____.   좋은 하루를 보내게 해주셔서 감사합니다.

Point Tip!

● **Thanks**와 **Thank you**는 둘 다 감사하다는 표현이다. 다만 보다 친근한 느낌을 주는 **Thanks**는 가까운 사이에서 편안하게 쓸 수 있는 표현이고, **Thank you**도 이와 비슷하기는 하지만 **Thanks**보다는 정중한 표현이다.

정답. 1. coming 2. everything 3. nice day

pattern 002 I appreciate ~

~에 감사드립니다

Useful Expressions

❶ **I appreciate** your kindness. 친절에 감사드립니다.

❷ **I appreciate** the suggestion. 제안해 주신 것 감사드립니다.

❸ **I appreciate** your concern. 관심 가져주셔서 감사합니다.

❹ **I appreciate** your words. 말씀만이라도 감사합니다.

❺ **I appreciate** your taking time with me. 함께 시간을 보내 주셔서 감사합니다.

Dialogue

A : Could you help me carry these bags?
B : Sure.
A : 도와주셔서 감사합니다.
B : Not at all.

A : 가방 드는 것 좀 도와주시겠어요?
B : 물론이죠.
A : I appreciate your help.
B : 천만에요.

Exercises

1. I appreciate the _____. 충고 감사드립니다.
2. I appreciate _____ _____. 시간 내주셔서 감사합니다.
3. I appreciate it _____ _____. 그 점 정말 고맙게 생각합니다.

Point Tip!

● **thank**는 사람이나 일 자체에 대하여 감사하다는 뜻이지만, **appreciate**은 상대의 호의에 대해서 인정하고 감사한다는 뜻이다. 원뜻은 '(좋은 점이나 진가를) 인정하다, 평가하다'에서 발전된 표현이다.

정답: 1. advice 2. your time 3. very much

pattern 003 It's very nice of you to ~   ~에 감사드립니다

Useful Expressions

1. **It's very nice of you to** say so.   그렇게 말해줘서 고마워요.
2. **It's very nice of you to** invite me.   초대해 주셔서 너무 감사해요.
3. **It's very nice of you to** take me home.   집까지 바래다줘서 정말 고마워요.
4. **It's very nice of you to** see me off.   배웅해 주셔서 고마워요.
5. **It's very nice of you to** help me with my homework.   숙제를 도와줘서 고마워요.

Dialogue

A : It looks very good on you.
B : 그렇게 말해주어 고마워요.
A : You have an eye for fashion.
B : You flatter me.

A : 당신한테 아주 잘 어울리는데요.
B : It's very nice of you to say so.
A : 패션에 대한 감각이 있으시군요.
B : 과찬이세요.

Exercises

1. It's very nice of you to _____ me.   도와 주셔서 너무 감사해요.
2. It's very nice of you _____ _____.   이렇게 와 주셔서 고맙습니다.
3. It's very nice of you to _____ _____.   함께 해줘서 정말 고마워요.

Point Tip!

● 사람을 표현할 때 nice는 친절하거나 인정이 많을 경우 사용되는 표현이므로 It's very nice of you는 '참 친절하시군요'의 의미이지만 '정말 고마워요' 라는 뜻으로도 사용된다. nice 대신 kind나 sweet를 넣어도 비슷한 의미로 해석할 수 있다.

정답. 1. help 2. to come 3. join us

Unit 2. I'm sorry...

일반적으로 I'm sorry는 '미안합니다'의 의미로 많이 쓰이지만 반드시 사과할 때만 사용하는 표현은 아니다. 일상적으로 Excuse me(실례합니다)와 같은 의미로 가볍게 사용되거나 남에게 무언가를 부탁할 때 사용하기도 한다. 또한 '안됐군요' '유감입니다' 라는 의미로 장례식 등에서 사용되기도 한다.

◎ Basic Expressions

❶ I'm sorry.   죄송합니다.
❷ I'm very sorry.   정말 죄송합니다.
❸ I'm sorry I'm late.   늦어서 죄송합니다.
❹ I'm sorry to be late.   늦어서 죄송합니다.
❺ I'm sorry to bother you.   번거롭게 해서 죄송합니다.
❻ I'm sorry for bothering you.   번거롭게 해서 죄송합니다.

I'm sorry to ~

~해서 미안해요 / ~해서 유감이에요

Useful Expressions

① **I'm sorry to** keep you waiting. 기다리게 해서 죄송합니다.
② **I'm sorry to** have troubled you. 폐를 끼쳐 죄송합니다.
③ **I'm sorry to** wake you up. 잠을 깨워서 미안합니다.
④ **I'm sorry to** call like this. 이런 전화를 드려서 죄송합니다.
⑤ **I'm sorry to** hear that. 그 말을 들으니 유감이네요(안됐네요).

Dialogue

A : I'm so depressed.
B : What's wrong?
A : I failed the driving test.
B : Oh dear! 안됐군요.

A : 기분이 몹시 우울해요.
B : 무슨 일 있어요?
A : 운전면허 시험에 실패했거든요.
B : 저런! I'm sorry to hear that.

Exercises

1. I'm sorry to _____ you. 방해해서 죄송합니다.
2. I'm sorry to _____ my word. 약속을 어겨서 미안해요.
3. I'm sorry to call you _____ _____. 너무 늦게 전화해서 미안해요.

Point Tip!

● **I'm sorry** 뒤에 다양한 구문을 붙여 **I'm sorry**의 이유를 표현할 수 있는데, 그 형태가 반드시 **to** 뒤에는 동사원형, **for** 뒤에는 명사나 동명사, **that** 뒤에는 주어+동사가 온다는 것에 유의하자.

정답: 1. interrupt 2. break 3. so late

pattern 005 I'm sorry about ~ ~에 대해 미안해요 / ~은 안됐어요

Useful Expressions

❶ **I'm sorry about** that. 그 점에 대해 사과드립니다. / 그것 참 안됐군요.

❷ **I'm sorry about** what I said. 내가 말했던 거 미안해요.

❸ **I'm sorry about** last night. 지난밤 일은 미안해요. / 지난밤 일은 안됐어요.

❹ **I'm sorry about** yesterday. 어제 일에 대해선 죄송합니다.

❺ **I'm sorry about** yelling at you. 당신한테 소리질러서 미안해요.

Dialogue

A : Look, 아까 일에 대해선 미안해.
B : Me, too.
A : I won't do it again.
B : Don't worry about it.

A : 이봐, I'm sorry about back there.
B : 나도 미안해.
A : 다시는 안 그럴게.
B : 너무 신경 쓰지 마.

Exercises

1. I'm sorry about _____. 그 사람 일은 참 안됐어요.
2. I'm sorry about _____. 오늘 일에 대해 유감스럽게 생각해요.
3. I'm sorry about _____ _____. 그때 일에 대해선 죄송합니다.

Point Tip!

● **I'm sorry** 뒤에 **about**+명사의 형태가 오면 '~해서 미안해' 혹은 '~하게 되어 안됐어요'의 의미가 된다. 참고로 **back there**는 구어에서 '아까', '좀 전' 이란 의미로 사용되며, **won't**는 **will not**의 줄임말로 '~하지 않게' 라는 의미이다.

정답. 1. him 2. today 3. back then

I'm sorry I can't ~

~할 수 없어서 미안해요

Useful Expressions

1. **I'm sorry I can't** say. 말할 수 없어서 미안해요.
2. **I'm sorry I can't** help you. 도와줄 수 없어서 미안해요.
3. **I'm sorry I can't** support you. 지원해줄 수 없어서 미안해요.
4. **I'm sorry I can't** go to the party. 파티에 갈 수 없어서 미안해요.
5. **I'm sorry I can't** answer your questions. 질문에 대답할 수 없어서 미안해요.

Dialogue

A : Are you free this evening?
B : I'm afraid I'll be busy.
A : You always seem to be busy.
B : 당신과 함께 할 수 없어서 미안해요.

A : 오늘 저녁에 시간 있어요?
B : 바쁠 것 같은데요.
A : 당신은 늘 바쁜 것 같아요.
B : I'm sorry I can't be with you.

Exercises

1. I'm sorry I can't go _____ _____ . 당신과 같이 갈 수 없어서 미안해요.
2. I'm sorry I can't _____ _____ anymore. 당신에게 더 이상 줄 수 없어서 미안해요.
3. I'm sorry _____ _____ _____ the meeting. 회의에 참석할 수 없어서 미안해요.

Point Tip!

● 상대방의 부탁을 들어줄 수 없을 때 I'm sorry I can't를 이용하여 I'm sorry I can't do it.으로 정중하게 거절할 수 있다. 그밖에도 I'm sorry I can't 뒤에 다양한 구문을 붙여 표현할 수 있다.

정답: 1. with you 2. give you 3. can't attend

Unit 3. I am...

I am은 I'm으로 줄여서 쓸 수 있다. 우리가 가장 흔히 쉽게 쓸 수 있는 I am은 가장 기본적인 주어+동사의 문장형태로 '나는 ~이다' '나는 ~하다' 는 뜻을 나타낸다. I'm+명사로는 간단히 자기소개를 할 수 있고, I'm+형용사로는 자신의 상태를 나타낼 수 있다. 그밖에 be동사 +~ing는 '~을 하고 있다' 는 표현을 나타낸다.

◎ Basic Expressions

❶ I'm Korean.   난 한국인입니다.
❷ I'm a musician.   난 음악가입니다.
❸ I'm one of his friends.   난 그의 친구입니다.
❹ I'm so happy.   난 너무 행복해요.
❺ I'm so tired.   난 너무 피곤해요.
❻ I'm proud of you.   난 네가 자랑스러워.

pattern 007 I'm glad ~

~하게 되어 기뻐요

Useful Expressions

❶ **I'm glad** to meet you. 만나게 되어 **반가워요**.
❷ **I'm glad** to see you all here. 여기서 여러분을 보니 **반가워요**.
❸ **I'm glad** you like it. 맘에 든다니 **기뻐요**.
❹ **I'm glad** you're back. 당신이 돌아와서 **기뻐요**.
❺ **I'm glad** everything worked out fine. 모든 일이 잘 풀려서 **기뻐요**.

Dialogue

A : What a lovely day!
B : 네, 화창해져서 기뻐요.
A : Shall we go for a walk?
B : Okay.

A : 아주 기분 좋은 날이네요!
B : Yes, I'm glad it's fine.
A : 우리 산책하러 갈까요?
B : 좋아요.

Exercises

1. I'm glad you _____. 당신이 **와주어서** 기뻐요.
2. I'm glad you _____ it. **즐거우셨다니** 기뻐요.
3. I'm glad _____ _____ _____. 그 얘길 들으니 기뻐요.

Point Tip!

● **glad**는 '기쁜, 반가운, 즐거운'의 뜻을 가지고 있다. **I'm glad...**는 '나는 ~하게 되어 기쁘다'는 뜻이 되고, 따라서 **I'm glad** 뒤에 기쁘거나 반가운 이유를 붙여주기만 하면 된다. 참고로 **worked out**은 '잘되다, 결국 ~되다, 어떤 일이 해결되다' 등의 의미로 해석할 수 있다.

정답: 1. came 2. enjoyed 3. to hear that

 I'm here to ~

~하러 왔는데요

Useful Expressions

❶ **I'm here to** see you.   당신을 만나러 왔어요.
❷ **I'm here to** help you.   당신을 도와주러 왔습니다.
❸ **I'm here to** eat something.   뭐 좀 먹으려고 왔어요.
❹ **I'm here to** find my friends.   친구들을 찾으러 왔습니다.
❺ **I'm here to** tell you something.   당신에게 뭔가 얘기해주려고 왔어요.

Dialogue

A : What brings you here?
B : 제임스 씨를 만나러 왔습니다.
A : May I have your name please?
B : Lisa Meyer.

A : 무슨 일로 오셨습니까?
B : I'm here to meet Mr. James.
A : 성함을 말씀해 주시겠어요?
B : 리자 마이어입니다.

Exercises

1. I'm here to _____ English.   영어를 가르치러 왔습니다.
2. I'm here to play _____ _____.   피아노를 연주하러 왔습니다.
3. I'm here to _____ _____ _____.   당신의 부모님을 만나러 왔습니다.

Point Tip!

● 누군가를 만나러 갔을 때나 사무실을 방문했을 때 자신의 방문목적을 밝히기 위한 간단한 표현이다. 발음상 주의해야 할 것은 **I'm here** 뒤에 **to**가 연결될 경우 **[t]** 발음이 약해지므로 **I'm here to**는 '아임 히어러'로 발음하는 것이 자연스럽다.

정답. 1. teach 2. the piano 3. meet your parents

pattern 009 I'm trying to ~

~을 해보려고 하는 중이에요

Useful Expressions

❶ **I'm trying to** study. 공부하려는 중이에요.
❷ **I'm trying to** make a cookie. 쿠키를 만들려는 중이에요.
❸ **I'm trying to** finish my homework. 숙제를 끝내려고 노력 중이에요.
❹ **I'm trying to** learn it by heart. 그것을 암기하려고 노력하고 있어요.
❺ **I'm trying to** figure out a solution. 해결책을 강구하고 있습니다.

Dialogue

A : May I help you, sir?
B : Yes, please. 에스컬레이터를 찾고 있는 중인데요.
A : Turn left at the corner.
B : Thanks.

A : 도와드릴까요, 손님?
B : 네, 부탁합니다. **I'm trying to find the escalator.**
A : 모퉁이에서 왼편으로 가십시오.
B : 고마워요.

Exercises

1. I'm trying to _____ his name. 그의 이름을 기억해내려는 중이에요.
2. I'm trying to _____ regularly. 규칙적으로 운동을 하려고 노력 중이에요.
3. I'm trying to _____ _____ _____. 박물관을 찾고 있는 중입니다.

Point Tip!

● **try**란 단어가 '해보다, 시도하다, 노력하다'의 뜻을 가지고 있으므로 **trying to**는 '~하려고 노력하고 있다, 애쓰고 있다'는 의지적인 의미로 해석된다. 참고로 **learn by heart**는 '암기하다'의 뜻으로 **memorize**와 같은 의미로 쓰인다.

정답: 1. remember 2. exercise 3. find the museum

pattern 010 I'm looking for ~ ~을 찾고 있습니다

Useful Expressions

❶ **I'm looking for** a post office.   우체국을 찾고 있습니다.
❷ **I'm looking for** the book corner.   서적코너를 찾고 있습니다.
❸ **I'm looking for** a gift for my father.   아버지 선물을 찾고 있어요.
❹ **I'm looking for** my glasses.   내 안경을 찾고 있습니다.
❺ **I'm looking for** my new shoes.   새로 산 신발을 찾고 있어요.

Dialogue

A : What are you looking for, sir?
B : 책을 몇 권 찾고 있는데요.
A : What kind are you looking for?
B : About computers.

A : 뭘 찾으십니까, 손님?
B : **I'm looking for these books.**
A : 어떤 종류를 찾고 계신가요?
B : 컴퓨터에 관한 것들이요.

Exercises

1. I'm looking for _____ _____ .   내 자리를 찾고 있습니다.
2. I'm looking for _____ _____ .   병원을 찾고 있습니다.
3. I'm looking for gifts _____ _____ _____ .   친구들에게 줄 선물을 찾고 있어요.

Point Tip!

● **looking for**는 '~을 찾다, 구하다'의 의미로 어떤 장소를 찾거나 물건을 구입할 때, 혹은 잃어버린 물건을 찾을 때에도 사용할 수 있는 표현이다. 참고로 신발이나 안경, 양말 등은 언제나 2개가 짝이므로 항상 복수로 쓰인다는 것에 유의하자.

정답: 1. my seat 2. a hospital 3. to my friends

pattern 011 I'm sure ~

나는 ~을 확신합니다

Useful Expressions

❶ **I'm sure** of his coming. — 나는 그가 올 것을 확신합니다.

❷ **I'm not sure** he will come. — 그가 올지 잘 모르겠습니다.

❸ **I'm sure** you can make it. — 당신은 틀림없이 해낼 수 있을 거예요.

❹ **I'm sure** he stole my book. — 그가 내 책을 훔친 것이 확실해요.

❺ **I'm sure** everything will work out fine. — 모든 일이 잘 될 거라고 확신해요.

Dialogue

A : We don't have your reservation.
B : 분명히 예약했는데요.
A : I don't find your name on the list.
B : Something must be wrong.

A : 예약이 되어 있지 않습니다.
B : I'm sure I have a reservation.
A : 명단에 당신의 이름이 없습니다.
B : 뭔가 착오가 생겼군요.

Exercises

1. I'm not sure _____. — 아직 확실히 모르겠습니다.
2. I'm sure _____ _____ _____. — 나는 당신이 옳다고 확신합니다.
3. I'm sure he'll be _____ _____ _____. — 그는 틀림없이 정각에 올 겁니다.

Point Tip!

● **I'm sure** 뒤에 주어+동사가 오면 '~을 확신한다', '~이 틀림없다', '분명하다'라는 의미가 되며, **not**을 집어넣으면 부정의 의미가 된다. 단, 이는 100% 부정의 뜻이 아니라 확실치 않다는 의미로 해석하면 된다.

정답: 1. yet 2. you are right 3. here on time

pattern 012 I'm afraid ~

유감스럽지만 ~입니다

Useful Expressions

❶ **I'm afraid** I can't.   안타깝지만 난 할 수가 없네요.
❷ **I'm afraid** not.   (유감이지만) 그렇지는 않습니다.
❸ **I'm afraid** I have to go.   유감스럽지만 지금 가봐야 해요.
❹ **I'm afraid** I broke my leg.   유감스럽게도 다리가 부러졌어요.
❺ **I'm afraid** my English is not so good.   유감스럽게도 영어를 잘 하지 못합니다.

Dialogue

A : 유감스럽지만 이제 가봐야 해요.
B : So soon?
A : It's 9 o'clock already.
B : Okay. See you again.
A : See you.

A : I'm afraid I must be going now.
B : 이렇게 금방요?
A : 벌써 9시인걸요.
B : 알았어요. 또 봐요.
A : 또 봐요.

Exercises

1. I'm afraid the check is _____.   유감이지만 계산이 틀렸네요.
2. I'm afraid I can't _____ _____.   유감스럽지만 당신을 도와줄 수 없어요.
3. I'm afraid _____ _____.   유감입니다만 그것은 불가능합니다.

Point Tip!

● afraid에는 '유감스러운' 과 '두려워하는' 의 두 가지 뜻이 있다. '두려워하는' 이라는 뜻으로 쓰일 때는 보통 전치사 **of**와 함께 쓰여 **I'm afraid of...**로 쓰인다. 참고로 **I'm afraid not.**은 '(유감스럽지만) 그렇지 않다' 는 뜻이고, **I'm not afraid**는 '난 두렵지 않다' 는 뜻이다.

정답. 1. wrong 2. help you 3. that's impossible

pattern 013  I'm going to ~ 난 ~할 거예요 / ~ 에 가는 중이에요

Useful Expressions

❶ **I'm going to** lose 5kg. 나는 5kg 뺄 거예요.
❷ **I'm going to** play soccer. 나는 축구를 할 거예요.
❸ **I'm going to** have a party. 나는 파티를 열 예정이에요.
❹ **I'm going to** go to the library. 나는 도서관에 갈 예정이에요.
❺ **I'm going to** the library. 나는 도서관에 가는 중이에요.

Dialogue

A : What are you going to do this afternoon?
B : Well, let me see.
A : 나는 도서관에 갈 거야. Will you come with me?
B : All right.

A : 오늘 오후에 뭐할 거야?
B : 글쎄, 생각 좀 해보고.
A : I'm going to the library. 같이 갈래?
B : 그래.

Exercises

1. I'm going to _____ . 나는 볼링을 치려고 해요.
2. I'm going to _____ _____ tomorrow. 나는 내일 테니스를 칠 거예요.
3. I'm going to _____ _____ _____ . 나는 내일 쉴 거예요.

Point Tip!

● **be going**은 흔히 '~에 가다', '~하러 가다'의 뜻으로 알고 있지만 뒤에 **to+동사원형**이 올 경우에는 '~할 것이다', '~할 예정이다'의 뜻으로 가까운 미래의 일을 나타낸다. 참고로 **be going** 뒤에 **to+명사**가 올 경우에는 '~ 에 가는 중이다'의 뜻으로 **go**의 진행형을 나타낸다.

정답. 1. bowl 2. play tennis 3. be off tomorrow

pattern 014 I'm not going to ~

난 ~하지 않을 거예요

Useful Expressions

❶ **I'm not going to** trust you.   난 당신을 믿지 않을 거예요.

❷ **I'm not going to** lie to you.   난 당신한테 거짓말하지 않을 거예요.

❸ **I'm not going to** wait any longer.   난 더 이상 기다리지 않을 거예요.

❹ **I'm not going to** waste time anymore.   다시는 시간 낭비하지 않을 거예요.

❺ **I'm not going to** that restaurant again.   그 레스토랑에 다시는 가지 않을 거예요.

Dialogue

A : Are you all right?
B : Yes, I'm fine.
A : You look so exhausted. Give it a rest.
B : No problem. 난 포기하지 않을 거야.

A : 괜찮아?
B : 어, 난 괜찮아.
A : 너무 지쳐 보여. 그만해라.
B : 문제없어. **I'm not going to give up.**

Exercises

1. I'm not going to _____ _____ .   난 당신을 도와주지 않을 거예요.
2. I'm not going to _____ _____ .   난 결혼하지 않을 거예요.
3. I'm not going to _____ _____ again.   다시는 당신에게 전화하지 않을 거예요.

Point Tip!

● be동사 문장의 부정문은 반드시 'be+not' 형태로 만들어야 한다. 따라서 **I'm going to...**의 부정문은 **I'm not going to...**가 된다. 무엇을 하지 않겠다는 결심을 표현하는 문장으로 **not**을 강조해서 읽는다.

정답: 1. help you 2. get married 3. call you

pattern 015   I was just going to ~

막 ~ 하려던 참이었어요 / 막 ~ 하려고 했어요

Useful Expressions

❶ **I was just going to** start.   막 시작하려던 참이었어요.

❷ **I was just going to** go to work.   막 일하러 가려던 참이었어요.

❸ **I was just going to** go for a walk.   막 산책을 가려던 참이었어요.

❹ **I was just going to** take a shower.   막 샤워하려던 참이었어요.

❺ **I was just going to** send you a text message.   막 문자 보내려던 참이었어요.

Dialogue

A : I'm sorry to be late.
B : 막 떠나려던 참이었어.
A : Sorry. Have you waited for long?
B : I waited for you for about an hour.

A : 늦어서 미안해.
B : I was just going to leave.
A : 미안. 오래 기다렸니?
B : 1시간이나 기다렸어.

Exercises

1. I was just going to _____ _____ .   막 일어나려던 참이었어요.
2. I was just going to _____ _____ .   막 전화 걸려던 참이었어요.
3. I was just going to _____ _____ .   막 끊으려던 참이었어요.

Point Tip!

● **go to**는 '방향'의 의미를 담고 있어 '~에 가다'라는 뜻이고, **go for**는 '목적'에 의미를 담고 있어 '~를 하러 가다'라는 뜻이 된다. 따라서 **go to work**은 '직장에 가다'의 의미이고, **go for a walk**은 '산책을 하러 가다'의 의미이다.

정답. 1. get up 2. call you 3. hang up

Unit 4. This is....

this는 지시대명사로서 흔히 가까이에 있는 사물을 가리키는 표현이다. This is +명사는 사물뿐 아니라 가까운 사람이나 가까운 장소를 가리키기도 하고, 어떠한 사건이나 일어나고 있는 일을 나타내기도 한다. 'This is+형용사' 는 느낌이나 감정을 표현할 때 사용한다. 참고로 전화상에서 자신을 소개할 때는 I'm~ 을 쓰지 않고 This is~ 를 쓴다.

◎ Basic Expressions

❶ This is his book.   이것은 그의 책입니다.
❷ This is so cool.   이거 정말 근사하네요.
❸ This is Min-ho.   (소개할 때) 이쪽은 민호야. / (전화상) 나 민호야.
❹ This is a No Smoking section.   여기는 금연구역입니다.
❺ This is my first visit.   이번이 첫 방문입니다.
❻ This is my favorite dish.   이것은 제가 좋아하는 요리입니다.

pattern 016 This is going to ~

이것은 ~하게 될 거예요

Useful Expressions

❶ **This is going to** be interesting. 흥미진진할 거예요.
❷ **This is going to** be embarrassing. 곤란해질 거예요.
❸ **This is going to** be the best year ever. 최고의 한해가 될 거예요.
❹ **This is going to** sound stupid. 바보 같은 소리로 들릴 거예요.
❺ **This is going to** sound really selfish. 정말 이기적으로 들릴 거예요.

Dialogue

A : I'm throwing a party upstairs. Want to join us?
B : Well...
A : 굉장히 재미있을 거예요.
B : I'd love to, but I have to do some work.

A : 지금 위층에서 내가 파티를 열고 있는데, 함께 할래요?
B : 글쎄요...
A : **This is going to be so much fun.**
B : 가고는 싶지만 할 일이 좀 있어서요.

Exercises

1. This is going to be _____ _____ fun. 굉장히 재미있을 거예요.
2. This is going to take a _____ _____. 시간이 많이 걸릴 거예요.
3. This is going to _____ _____. 이상하게 보일 거예요.

Point Tip!

● 앞부분에 다루어졌던 'I'm going to+동사원형'의 경우와 마찬가지로 앞으로의 상황을 예측하는 표현이다. **This is going to** 뒤에 be동사 혹은 일반동사를 붙여 여러 가지 의미로 사용할 수 있다.

정답: 1. so much 2. long time 3. look strange

 **pattern 017** # This is what ~

이것이 바로 ~예요

Useful Expressions

① **This is what** I wanted.   이것이 내가 원했던 거예요.
② **This is what** I call baseball.   이런 게 바로 야구라는 거야.
③ **This is what** I do for a living.   이것이 제가 생업으로 삼는 일이에요.
④ **This is what** we're going to do.   이것이 바로 우리가 할 일입니다.
⑤ **This is not what** I was looking for.   이건 제가 찾고 있던 게 아닌데요.

Dialogue

A : What are you looking for?
B : I'm looking for a gift for my girlfriend.
A : What about this?
B : 좋긴 하지만 이건 제가 생각했던 게 아닌데요.

A : 무엇을 찾고 계십니까?
B : 여자친구에게 줄 선물을 찾는데요.
A : 이건 어때요?
B : It's nice but, this is not what I had in mind.

Exercises

1. This is what I _____.   이게 바로 제가 하는 일이에요.
2. This is what you have _____ _____.   이게 바로 당신이 해야 할 일이에요.
3. This is not what _____ _____.   이건 제가 주문한 게 아닌데요.

Point Tip!

● 'This is+명사'는 '이것이 ~이다'의 뜻을 나타내지만, **This is what** 다음에 '주어+동사'가 오면 'This is +명사절'의 형태가 되어 마찬가지로 '이것이 바로 (주어가 동사)하는 것이다'의 뜻이 된다.

정답: 1. do 2. to do 3. I ordered

This is why ~

이것이 바로 ~하는 이유예요

Useful Expressions

❶ **This is why** I love him. 이게 내가 그를 사랑하는 이유예요.
❷ **This is why** he went home. 이것이 그가 집에 간 이유예요.
❸ **This is why** we need a car. 이래서 우리에게 차가 필요한 거예요.
❹ **This is why** you are better than me. 이게 바로 당신이 나보다 나은 이유군요.
❺ **This is why** I don't want to meet him. 이래서 내가 그 남자를 만나고 싶지 않은 거예요.

Dialogue

A : Do you like your job?
B : Yes, I love it.
A : What do you like about this job?
B : I like children. 이게 내가 내 일을 사랑하는 이유입니다.

A : 당신의 직업을 좋아하십니까?
B : 네, 좋아합니다.
A : 이 직업의 어떤 점이 마음에 드십니까?
B : 나는 아이들을 좋아해요. **This is why I love what I do.**

Exercises

1. This is why I _____ cats. 이게 내가 고양이를 싫어하는 이유예요.
2. This is why I don't _____ _____ . 이래서 내가 커피를 마시지 않는 거예요.
3. This is why you need _____ _____ . 이것이 바로 당신에게 운동이 필요한 이유예요.

> **Point Tip!**
> ● **This is why** 다음에 '주어+동사'가 오면 마찬가지로 'This is+명사절'의 형태가 되어 '이것이 바로 (주어가 동사)하는 이유이다', '그러한 이유로 (주어가 동사)하는 것이다'의 뜻이 된다.

정답. 1. hate 2. drink coffee 3. to exercise

"That is..."

Unit 5. That is...

That is는 That's로 줄여서 쓸 수 있다. That은 조금 떨어진 곳의 사물을 가리키는 지시대명사로 흔히 쓰이지만, 상대의 말과 행동에 반응하는 표현으로도 자주 사용된다. **That is+형용사**' 혹은 '**That is+명사**' 혹은 **That is+전치사구**'의 형태로 맞장구를 치거나 자신의 느낌, 의견을 표현할 때 쓸 수 있다.

◎ Basic Expressions

1. **That's** great. — 멋지네요.
2. **That's** all right. — 괜찮습니다.
3. **That's** a good idea. — 좋은 생각입니다.
4. **That's** too bad. — 그것 참 안됐군요.
5. **That's** very kind of you. — 정말 친절하시네요.
6. **That's** a nice shirt you're wearing. — 당신이 입은 셔츠 정말 멋지군요.

pattern 019 That's what ~

그게 바로 ~예요

Useful Expressions

❶ **That's what** I want. 그게 바로 내가 원하는 거예요.
❷ **That's what** I'm thinking. 제 생각도 바로 그렇습니다.
❸ **That's not what** I mean. 내 말은 그 뜻이 아니에요.
❹ **That's what** I'm going to do. 그게 바로 내가 하려던 일이에요.
❺ **That's what** we want to know. 우리가 알고 싶은 게 그거예요.

Dialogue

A : What do you think of him?
B : He seems to be a good man.
A : He's nice and kind.
B : 내 말이 그 말이야.

A : 그를 어떻게 생각해?
B : 좋은 사람인 것 같아.
A : 멋있고 자상하지.
B : That's what I mean.

Exercises

1. That's what I'm _____ . 제 말이 그 말이에요.
2. That's what I like _____ _____ . 그게 바로 제가 좋아하는 점이에요.
3. That's what we're _____ _____ _____ . 그게 바로 우리가 하려는 일이에요.

Point Tip!

● 앞서 다루었던 **This is what**과 마찬가지로 상대방이 언급한 내용을 받아 **That is what** 뒤에 '주어+동사'를 붙여 명사절을 만들 수 있다.
참고로 "그를 어떻게 생각해?"라고 물을 때 **how**가 아니라 **what**을 사용한다는 점에 주의하자.

정답: 1. saying 2. about it 3. going to do

pattern 020 That's why ~
그게 바로 ~한 이유예요

Useful Expressions

❶ **That's why** I'm here. — 그래서 내가 여기 있는 거예요.
❷ **That's why** I'm dating her. — 그래서 내가 그녀와 데이트를 하고 있는 거예요.
❸ **That's why** you're so great. — 그래서 당신이 멋지다는 거예요.
❹ **That's why** we have to go out there. — 그게 바로 우리가 가야 하는 이유예요.
❺ **That's not why** I love you. — 그래서 내가 당신을 사랑하는 건 아니에요.

Dialogue

A : Are you mad at me?
B : Yes, I'm angry.
A : Sorry for keeping you waiting.
B : 그래서 너한테 화난 건 아니야.

A : 나한테 화났니?
B : 그래, 화났어.
A : 기다리게 해서 미안해.
B : That's not why I'm angry at you.

Exercises

1. That's why I'm _____ . — 그게 바로 제가 전화한 이유예요.
2. That's why he didn't _____ _____ . — 그래서 그가 돌아오지 않았군요.
3. That's not why _____ _____ . — 그래서 우리가 여기 온 건 아니에요.

Point Tip!

● 'be mad at+사람'은 '~에게 화를 내다, 화가 나 있다'는 뜻이고, 'be mad about+사람'은 '~에게 열중하다, 홀딱 반하다'라는 뜻이다. 전치사에 따라 전혀 다른 표현이 되므로 혼동하지 않도록 주의하자.

정답. 1. calling 2. come back 3. we're here

That's because ~

그건 바로 ~하기 때문이에요

Useful Expressions

❶ **That's because** I didn't know.   그건 내가 몰랐기 때문이에요.

❷ **That's because** I'm so tired.   그건 내가 너무 피곤하기 때문이에요.

❸ **That's because** I don't feel well.   그건 내가 컨디션이 좋지 않기 때문이에요.

❹ **That's because** he did a great job.   그건 그가 일을 잘했기 때문이에요.

❺ **That's because** I can read your mind.   그건 내가 당신 마음을 알 수 있기 때문이에요.

Dialogue

A : I didn't see Tom.
B : 그야 내가 초대하지 않았으니까.
A : Why?
B : We had a fight yesterday.

A : 탐이 안 보이네.
B : **That's because I didn't invite him.**
A : 왜?
B : 우리 어제 싸웠거든.

Exercises

1. That's because I have _____ _____ .   그건 내가 운전을 해야 하기 때문이에요.
2. That's because _____ _____ _____ .   그건 내가 당신을 사랑하기 때문이에요.
3. That's _____ _____ _____ to learn English.   그건 내가 영어를 배우고 싶기 때문이에요.

Point Tip!

● **That's because** 뒤에 '주어+동사'를 붙이면 이유를 말하는 표현이 된다. **That's why**는 '이유(That)+why+결과'의 형태, **That's because**는 '결과(That)+because+이유'의 형태가 되어야 한다.

정답: 1. to drive 2. I love you 3. because I want

pattern 022 That's how ~

그게 바로 ~한 방법이에요

Useful Expressions

❶ **That's how** I'm living.   그게 내가 사는 방식이에요.

❷ **That's how** I got so strong.   그게 내가 강해진 방법이에요.

❸ **That's how** I make kimchi.   그런 방법으로 나는 김치를 담급니다.

❹ **That's how** I met my girlfriend.   그렇게 해서 내 여자친구를 만났습니다.

❺ **That's how** you do speaking practice.   바로 그런 방법으로 말하기 연습을 하면 됩니다.

Dialogue

A : I work part-time to make some pocket money.
B : Isn't that hard?
A : No, 그게 바로 내가 좋아하는 방법이거든.
B : That's good.

A : 용돈을 벌기 위해 아르바이트를 해.
B : 힘들지 않아?
A : 아니, that's how I like it.
B : 다행이네.

Exercises

1. That's how _____ _____ me.   그게 그가 나를 좋아하는 방식이에요.
2. That's how I _____ _____ .   그런 방법으로 영어공부를 했습니다.
3. That's how _____ _____ the roads.   바로 그런 방법으로 길을 찾으면 됩니다.

Point Tip!

● That's how...는 어떤 결과가 나타난 방식을 뜻하는 것으로 '그게 바로 ~한 방법이다', '그렇게 해서 ~하다' 로 해석할 수 있다.
참고로 아르바이트는 **part time job**, 직장인이라면 **side job**이라고 표현한다.

정답. 1. he likes 2. studied English 3. you find

"I can't..."

Unit 6. I can't...

무언가를 할 수 있을 때에는 긍정의 의미로 can을, 할 수 없을 때에는 부정의 의미로 can't를 써서 흔히 표현한다. **can't**는 can not의 줄임말이며 흔히 미국식 구어체로 많이 쓴다. 문어체로는 **cannot**이라고 쓰고, 영국에서는 줄임말을 잘 사용하지 않는 편이다.

◎ Basic Expressions

1. I can't do it. — 나는 할 수 없습니다.
2. I can't help you. — 당신을 도와줄 수 없습니다.
3. I can't speak English. — 나는 영어를 **못합니다**.
4. I can't play the piano. — 나는 피아노를 칠 줄 몰라요.
5. I can't find my glasses. — 내 안경을 찾을 수가 없어요.
6. I can't cook Korean food. — 나는 한국요리를 할 줄 모릅니다.

I can't stop -ing

~하는 것을 멈출 수가 없어요

Useful Expressions

❶ **I can't stop** runn**ing**. 달리기를 멈출 수가 없어요.
❷ **I can't stop** work**ing**. 일을 멈출 수가 없어요.
❸ **I can't stop** sneez**ing**. 재채기를 멈출 수가 없어요.
❹ **I can't stop** think**ing** of you. 당신 생각을 멈출 수가 없어요.
❺ **I can't stop** play**ing** computer games. 컴퓨터 게임을 멈출 수가 없어요.

Dialogue

A : It's delicious. 수저를 놓을 수가 없네요.
B : Would you like some more?
A : May I ask for just a bit more?
B : Sure. Help yourself.

A : 너무 맛있어요. I can't stop eating.
B : 좀더 드시겠어요?
A : 조금만 더 주시겠어요?
B : 그럼요. 마음껏 드세요.

Exercises

1. I can't stop _____ . 웃음을 멈출 수가 없어요.
2. I can't stop _____ . 기침을 멈출 수가 없어요.
3. I can't _____ _____ _____ . 당신을 사랑하는 것을 멈출 수가 없어요.

Point Tip!

● **stop**은 '멈추다, 막다'의 뜻으로 흔히 쓰인다. 따라서 **stop -ing**는 '~하는 것을 멈추다, 막다'라는 의미가 되고, **I can't** 뒤에 붙어 '~하는 것을 멈출 수가 없다'는 뜻이 된다.

정답. 1. laughing 2. coughing 3. stop loving you

I can't believe ~

~라니 믿을 수가 없어요

Useful Expressions

❶ **I can't believe** it. — 믿을 수 없어요.
❷ **I can't believe** my eyes. — 내 눈을 믿을 수가 없어요.
❸ **I can't believe** he did it. — 그가 이것을 해냈다니 믿을 수가 없어요.
❹ **I can't believe** this is so hard. — 이렇게 힘들다니 믿을 수가 없어요.
❺ **I can't believe** you said that. — 당신이 그런 말을 했다니 믿을 수가 없어요.

Dialogue

A : You know what?
B : What?
A : Tom and Jane are getting married.
B : 믿을 수 없어.

A : 너 그거 알아?
B : 뭐?
A : 탐과 제인이 결혼한대.
B : I can't believe it.

Exercises

1. I can't believe it's _____. — 끝났다니 믿을 수 없어요.
2. I can't believe you're _____. — 당신이 떠난다니 믿을 수가 없어요.
3. I can't believe _____ _____ already. — 벌써 금요일이라니 믿을 수가 없어요.

Point Tip!

● **I can't believe it**은 믿을 수 없는 놀라운 상황에서 쓸 수 있는 표현이다. 그러나 **can't** 대신 **don't**를 사용한다면 놀라움의 표현이 아니라 정말 믿을 수 없다는 뜻이 되므로 유의하자.

정답. 1. over 2. leaving 3. it's Friday

I can't wait ~

~하고 싶어 견딜 수가 없어요 / 빨리 ~하고 싶어요

Useful Expressions

❶ **I can't wait** to see you. 당신이 너무 보고 싶어요.
❷ **I can't wait** to get away. 빨리 떠나고 싶어요.
❸ **I can't wait** to get the secret. 비밀을 말하고 싶어 미치겠어요.
❹ **I can't wait** for my vacation. 휴가를 더 못 기다리겠어요.
❺ **I can't wait** for the result of the interview. 빨리 면접결과를 알고 싶어요.

Dialogue

A : What are you so excited about?
B : I passed the driving test.
A : Congratulations!
B : Thank you. 빨리 운전하고 싶어요.

A : 무엇 때문에 그렇게 기분이 들떠 있어요?
B : 운전면허 시험에 합격했거든요.
A : 축하해요!
B : 고마워요. I can't wait to drive a car.

Exercises

1. I can't wait _____ _____ your sister. 당신의 누이를 빨리 보고 싶어요.
2. I can't wait to tell _____ _____ . 그 소식을 말하고 싶어 못 견디겠어요.
3. I can't _____ _____ _____ some of them. 빨리 좀 맛보았으면 좋겠어요.

Point Tip!

● **wait**는 '기다리다'라는 뜻으로 **I can't wait** 뒤에 '**to+동사원형**', '**for+명사형**'의 형태가 와서 '~하기를 기다릴 수 없다' 즉 '빨리 ~하고 싶다'는 강조의 표현이 된다.

정답. 1. to see 2. the news 3. wait to taste

pattern 026 I can't stand ~

~을 참을 수가 없어요

Useful Expressions

❶ **I can't stand** the heat. — 더위를 참을 수가 없어요.
❷ **I can't stand** that smell. — 그 냄새를 참을 수가 없어요.
❸ **I can't stand** his brother. — 그의 남동생을 참을 수가 없어요.
❹ **I can't stand** it anymore. — 더 이상 참을 수가 없어요.
❺ **I can't stand** the noise anymore. — 더 이상 소음을 참을 수가 없어요.

Dialogue

A : It's really hot.
B : 난 이런 날씨는 견딜 수가 없어요.
A : Will it rain tomorrow?
B : I hope so.

A : 정말 덥네요.
B : I can't stand this weather.
A : 내일 비가 올까요?
B : 비가 오면 좋겠어요.

Exercises

1. I can't stand her _____. — 그녀를 더 이상 참을 수가 없어요.
2. I can't stand his _____. — 그의 행동을 참을 수가 없어요.
3. I can't stand _____ _____. — 당신을 잃는 걸 견딜 수가 없어요.

Point Tip!

● **stand**는 흔히 '서다, 일어서다'의 뜻으로 쓰이지만 여기에서는 '참다, 견디다'의 뜻으로 쓰였다. 따라서 **I can't stand**는 '~을 참을 수 없다, 견딜 수 없다'고 해석된다.

정답: 1. anymore 2. behavior 3. losing you

pattern 027 I can't think of ~

~가 생각나지 않아요

Useful Expressions

❶ **I can't think of** anything. 아무것도 생각나지 않아요.

❷ **I can't think of** her face. 그녀의 얼굴이 생각나지 않아요.

❸ **I can't think of** a better reason. 더 좋은 이유가 생각나지 않아요.

❹ **I can't think of** it off the top of my head. 지금 당장은 생각나지 않는데요.

❺ **I can't think of** where I left my book. 책을 어디에 두었는지 생각나지 않아요.

Dialogue

A : Do you know him?
B : Sounds familiar.
A : Does it ring a bell?
B : Well, 지금 당장은 생각나지 않는데요.

A : 그가 누군지 알아요?
B : 익숙한 이름인데.
A : 뭐 생각나는 거라도 있어요?
B : 글쎄요. I can't think of it off the top of my head.

Exercises

1. I can't think of _____ _____ . 그의 이름이 생각나지 않아요.
2. I can't think of a _____ _____ . 좋은 해결방법이 떠오르질 않아요.
3. I can't think of _____ _____ . 그밖에 다른 것은 생각나지 않아요.

Point Tip!

● **off the top of my head**는 '깊이 생각하지 않고' '즉석에서' '지금 당장 떠오르는 생각으로는' 등의 의미이고, **ring a bell**은 머릿속에서 마치 작은 종이 울리는 것처럼 '누군가에게 어떤 사람이나 사물 등을 상기시키다, 생각나게 하다' 라는 뜻이다.

정답: 1. his name 2. good solution 3. anything else

"I know..."

Unit 7. I know...

know는 '알다' 라는 의미의 동사이며, 무엇을 아는지에 대해 설명인 목적어는 know 뒤에 명사형으로 붙여주면 된다. 또한 '의문사+to+동사' 의 형태의 명사구를 만들어 목적어로 붙일 수도 있고, 'I know that+주어+동사' 의 형태나 'I know+의문사+주어+동사' 의 형태의 명사절을 만들어 목적어로 붙일 수도 있다.

◎ Basic Expressions

❶ I know of her. 나는 그녀가 누군지 알아요.
❷ I know it's too late. 너무 늦었다는 것을 알아요.
❸ I know where to go. 어디로 가는지 알아요.
❹ I know how you feel. 당신이 어떤 기분인지 알아요.
❺ I know that you love me. 당신이 날 사랑한다는 걸 알아요.
❻ I know that you'll be back. 당신이 다시 돌아올 거라는 걸 알아요.

pattern 028  I know what ~

~가 뭔지 알아요

Useful Expressions

❶ **I know what** I'm needing. 나에게 무엇이 필요한지 알고 있어요.
❷ **I know what** you want. 당신이 원하는 게 뭔지 알아요.
❸ **I know what** you said. 당신이 무슨 말을 했는지 알고 있어요.
❹ **I know what** you mean. 당신이 하는 말이 무슨 뜻인지 알겠어요.
❺ **I know what** you're trying to get at. 네가 무슨 말을 하려는지 알아.

Dialogue

A : What's happened?
B : I tripped over a stone.
A : That figures.
B : 네가 무슨 말을 하려는지 알아.

A : 무슨 일이야?
B : 돌부리에 걸려 넘어졌어.
A : 내 그럴 줄 알았어.
B : I know what you're trying to get at.

Exercises

1. I know what I'm _____ . 나는 내가 뭘 하는지 알고 있어요.
2. I know what you're _____ . 당신이 뭘 생각하고 있는지 알아요.
3. I know what he _____ _____ _____ . 나는 그가 지난밤에 뭘 했는지 알고 있어요.

Point Tip!

● **trip over**는 '~에 걸려 넘어지다' 라는 뜻이다. **trip**은 우리가 흔히 알고 있는 '여행', '여행하다' 라는 뜻 외에 '~이 발에 걸려 넘어지다', '넘어질 뻔하다' 라는 의미도 있다.

정답. 1. doing 2. thinking 3. did last night

I don't know what ~

~가 뭔지 모르겠어요

Useful Expressions

❶ **I don't know what** to do. 무엇을 해야 할지 모르겠어요.
❷ **I don't know what** to say. 무슨 말을 해야 할지 모르겠어요.
❸ **I don't know what** you want. 당신이 원하는 게 뭔지 모르겠어요.
❹ **I don't know what** to look at. 무엇을 봐야 할지 모르겠어요.
❺ **I don't know what** I'm looking for. 내가 뭘 찾고 있는지 모르겠어요.

Dialogue

A : I blew the exam.
B : That's too bad.
A : 내가 뭘 해야 할지 모르겠어.
B : Hold your chin up!

A : 시험을 망쳤어.
B : 안됐군.
A : I don't know what to do.
B : 기운 내!

Exercises

1. I don't know what to _____. 뭘 먹어야 할지 모르겠어요.
2. I don't know what _____ _____. 내가 원하는 게 뭔지 모르겠어요.
3. I don't know what I'm _____ _____. 내가 뭘 잘못하고 있는지 모르겠어요.

Point Tip!

● **Hold your chin up** 혹은 **Keep your chin up**은 실망하거나 절망에 빠진 사람에게 쓸 수 있는 표현이다. 여기서 **chin**은 '턱'이고 **chin up**은 턱을 치켜들라는 뜻이다. 즉, '기죽지 말고 기운 내라'는 의미이다.

정답. 1. eat 2. I want 3. doing wrong

I don't know why ~

왜 ~하는지 모르겠어요

Useful Expressions

❶ **I don't know why** I bought it.   내가 그걸 왜 샀는지 모르겠어요.
❷ **I don't know why** I said that.   내가 왜 그렇게 얘기했는지 모르겠어요.
❸ **I don't know why** I didn't call.   왜 생각이 나지 않는지 이유를 모르겠어요.
❹ **I don't know why** you're so angry.   당신이 왜 그렇게 화를 내는지 모르겠어요.
❺ **I don't know why** I didn't listen to him.   그의 말을 왜 듣지 않았는지 모르겠어요.

Dialogue

A : What happened?
B : The teacher was really angry.
A : Why?
B : 이유는 모르겠어.

A : 무슨 일이야?
B : 선생님이 화가 많이 나셨어.
A : 왜?
B : I don't know why.

Exercises

1. I don't know why he _____ me. 왜 그가 내게 전화했는지 모르겠어요.
2. I don't know why you're _____ _____. 당신이 왜 그렇게 열심인지 모르겠어요.
3. I don't know why I _____ _____ it. 왜 내가 그 일을 할 수 없었는지 나도 모르겠어요.

Point Tip!

● 의문사를 이용한 명사구나 명사절의 경우 보통은 '의문사+동사원형' 혹은 '의문사+주어+동사' 형태로 쓰지만 why의 경우에는 절을 붙이지 않고도 **I don't know why** 자체로 '이유를 모르겠어요'라는 의미로 사용하기도 한다.

정답. 1. called 2. so hard 3. couldn't do

pattern 031 I don't know how to ~
어떻게 ~해야 하는지 모르겠어요

Useful Expressions

❶ **I don't know how to** thank you.   어떻게 감사드려야 할지 모르겠어요.

❷ **I don't know how to** take this.   이걸 어떻게 받아들여야 할지 모르겠어요.

❸ **I don't know how to** love him.   그를 어떻게 사랑해야 할지 모르겠어요.

❹ **I don't know how to** use a computer.   컴퓨터를 어떻게 사용하는지 모르겠어요.

❺ **I don't know how to** figure out this problem.   이 문제를 어떻게 푸는지 모르겠어요.

Dialogue

A : 어떻게 감사드려야 할지 모르겠어요.
B : Never mind.
A : Yes, but…
B : It's my pleasure.

A : **I don't know how to thank you.**
B : 신경 쓰지 마세요.
A : 네, 하지만…
B : 제가 오히려 고맙죠.

Exercises

1. I don't know how to _____ you.   당신에게 어떻게 말해야 할지 모르겠어요.
2. I don't know how to _____ _____ .   어떻게 거기에 가야 하는지 모르겠어요.
3. I don't know how to do _____ _____ .   이 숙제를 어떻게 해야 할지 모르겠어요.

> **Point Tip!**
> ● 'how to+동사'는 '~하는 방법', '~하는 것'이란 의미이다. 그러나 뒤에 동사를 붙이지 않고 **I don't know how to**(어떻게 하는지 모르겠어요)만으로도 문장이 된다.

정답. 1. tell 2. go there 3. this homework

pattern 032 I don't know where to ~

어디에서 ~해야 할지 모르겠어요

Useful Expressions

1. **I don't know where to** go.   어디로 가야 할지 모르겠어요.
2. **I don't know where to** look.   어디를 봐야 할지 모르겠어요.
3. **I don't know where to** begin.   어디에서 시작해야 할지 모르겠어요.
4. **I don't know where to** eat.   어디서 먹어야 할지 모르겠어요.
5. **I don't know where to** hang it.   어디에 걸어야 할지 모르겠어요.

Dialogue

A : Hello. Where to, sir?
B : The suburbs.
A : Sorry, 어디를 말씀하시는지 모르겠는데요.
B : It's just straight ahead.

A : 안녕하세요. 어디로 모실까요, 손님?
B : 교외요.
A : 죄송하지만, **I don't know where you mean.**
B : 그냥 곧장 가면 됩니다.

Exercises

1. I don't know where to _____ _____.   어디에 앉아야 할지 모르겠어요.
2. I don't know where to _____ _____.   어디에서 내려야 하는지 모르겠어요.
3. I don't know where to _____ _____.   어디에서 그녀를 만나야 할지 모르겠어요.

Point Tip!

● 택시를 타면 기사가 'Where to?(어디요?)' 라고 묻는데, 이는 간단하게 줄여서 쓰는 격의 없는 표현이다. '어디까지 가십니까?' 라는 의미의 문장들은 Where are you going? Where are you headed? Where do you want to get off? 등이 있다.

정답. 1. sit down 2. get off 3. meet her

"I like..."

Unit 8. I like...

like가 '좋아하다' 라는 의미의 동사로 쓰일 때는 뒤에 명사나 to부정사, 혹은 동사의 -ing 형태가 와서 '~하기를 좋아한다'는 뜻이 된다. like to...는 종종 '~하고 싶다'는 의미로도 쓰인다.
I like your...는 '당신의 ~가 맘에 든다'는 뜻으로 칭찬의 의미이다.

◎ Basic Expressions

❶ **I like** fruits.   나는 과일을 좋아해요.
❷ **I like** baseball.   나는 야구를 좋아해요.
❸ **I like** spring best.   나는 봄을 가장 좋아해요.
❹ **I like** Chinese food.   나는 중국 음식을 좋아해요.
❺ **I like** you very much.   난 네가 정말 좋아.
❻ **I like** this picture.   이 사진이 맘에 들어요.

pattern 033 I like to ~

나는 ~을 좋아해요 / ~하고 싶어요

Useful Expressions

1. **I like to** travel. — 나는 여행을 좋아해요.
2. **I like to** play soccer. — 나는 축구하는 것을 좋아해요.
3. **I like to** appreciate movies. — 나는 영화 감상하기를 좋아해요.
4. **I like to** read books in bed. — 나는 잠자리에서 책읽기를 좋아해요.
5. **I like to** go there. — 나는 거기에 가고 싶어요.

Dialogue

A : It's a nice day today.
B : Yes, I'm glad it's turned out to be nice.
A : What do you like to do on nice days?
B : 나 산책하고 싶어.

A : 오늘 날씨 좋다.
B : 응, 날씨가 좋아져서 기뻐.
A : 너 뭐하고 싶어?
B : I like to go for a walk.

Exercises

1. I like to _____. — 나는 노래하기를 좋아해요.
2. I like to _____ flowers. — 나는 화초 키우기를 좋아해요.
3. I like to ____ ____ ____ ____. — 나는 연극 보러 가는 것을 좋아해요.

Point Tip!

- like to 뒤에 동사원형을 붙이면 '~하길 좋아한다'는 뜻이 되지만 문맥에 따라서 종종 '~하고 싶다'는 뜻이 되기도 한다.
  appreciate는 '감사하다'의 의미도 있지만 여기서 '감상하다'의 뜻으로 쓰였다.

정답: 1. sing 2. raise 3. go to the theater

I like ~ing

나는 ~하는 것을 좋아해요

Useful Expressions

❶ I like cooking food.   나는 요리하는 것을 좋아해요.
❷ I like wearing make-up.   나는 화장하는 것을 좋아해요.
❸ I like watching movies.   나는 영화 보는 것을 좋아해요.
❹ I like surfing the Internet.   나는 인터넷 서핑을 좋아해요.
❺ I like watching baseball games on TV.   나는 TV로 야구 중계를 보는 걸 좋아해요.

Dialogue

A : What do you do for relaxation?
B : I usually watch TV. 나는 TV 보는 것을 아주 좋아하거든요.
A : What kind of TV programs do you like?
B : Sitcoms.

A : 여가를 어떻게 보내세요?
B : 주로 TV를 봐요. I like watching TV a lot.
A : 어떤 TV 프로그램을 좋아하는데요?
B : 시트콤이요.

Exercises

1. I like _____ comic books.   나는 만화책 읽기를 좋아해요.
2. I like _____ with friends.   나는 친구들과 수다 떠는 걸 좋아해요.
3. I like _____ soccer more than playing.   나는 축구를 하는 것보다 보는 것을 좋아해요.

Point Tip!

● wear는 '(옷을) 입다' '(신발을) 신다' '(장신구를) 착용하다' 라는 뜻 외에 wear make-up처럼 '화장을 하다' 라는 의미로도 쓰인다. surf는 '파도타기를 하다' 라는 뜻으로, surf the Internet이라고 하면 '(파도 타기를 하듯이 이리저리) 인터넷을 돌아다니다' 라는 정도로 이해하면 된다.

정답. 1. reading 2. chatting 3. watching

pattern 035 I like your ~

당신의 ~이 좋은데요(맘에 들어요)

Useful Expressions

1. **I like your** scarf.
   당신 스카프 좋은데요.
2. **I like your** sweater.
   당신 스웨터 멋진데요.
3. **I like your** new suit.
   당신 새 옷 좋은데요.
4. **I like your** hair style.
   당신 헤어스타일 좋은데요.
5. **I like your** hair parted that way.
   당신 머리 가르마 그렇게 타니까 멋있네요.

Dialogue

A : You got your hair cut.
B : How do you like my hair?
A : 새 헤어스타일 멋져.
B : Thank you.

A : 너 머리 잘랐구나.
B : 내 머리 어때?
A : I like your new hair style.
B : 고마워.

Exercises

1. I like your _____. 당신 타이 좋은데요.
2. I like your _____. 당신 차 좋은데요.
3. I like _____ _____ a lot. 당신 스타일 정말 멋진데요.

Point Tip!

● **I like your**는 새 옷을 입었거나 헤어스타일을 바꾼 사람에게 쓸 수 있는 칭찬의 표현이다. 참고로 '가르마'는 'part'로 표현한다. 가령 **part one's hair on the left**라고 하면 '왼쪽으로 가르마를 타다'의 뜻이 된다.

정답. 1. tie 2. car 3. your style

Unit 9. I think...

I think...는 '나는 ~라고 생각해' '나는 ~같은데' 와 같이 확신할 수는 없으나 자신의 **주관적인 생각이나 의견**을 말할 때 쓸 수 있는 표현이다. think보다 확신하는 경우에는 I bet you're right.(당신이 옳다고 확신해.)와 같이 I bet... 혹은 I'm sure... 등을 사용하여 표현하면 된다.

◎ Basic Expressions

❶ **I think** so. 나는 그렇게 **생각해요**.
❷ **I don't think** so. 나는 그렇게 **생각하지 않아요**.
❸ **I think** so too. 나도 그렇게 **생각해요**.
❹ **I think** English is too hard. 나는 영어가 너무 어렵다고 **생각해요**.
❺ **I don't think** it's possible. 그것은 불가능하다고 **생각해요**.
❻ **I think** the idea is worth trying. 그 의견은 시도해 볼 만한 가치가 있다고 **생각해요**.

pattern 036 I think (that) ~

나는 ~라고 생각해요

Useful Expressions

❶ **I think (that)** it's really nice. — 그거 정말 좋은 것 같아요.

❷ **I think (that)** she's pretty hot. — 그녀는 정말 예쁜 것 같아요.

❸ **I think (that)** she's over there. — 그녀는 저 쪽에 있을 걸요.

❹ **I think (that)** she had a change of heart. — 그녀의 마음이 변한 것 같아요.

❺ **I think that** is my responsibility. — 그건 제 책임이라고 생각해요.

Dialogue

A : Which color looks better?
B : 난 빨간색이 나은 것 같아.
A : I think I like yellow better.
B : Well, pick the color you like.

A : 어떤 색이 나아 보여?
B : I think red is better.
A : 난 노란색이 더 나은 것 같은데.
B : 그럼, 네가 좋은 걸로 해.

Exercises

1. I think they're _____ . 그들이 옳은 것 같아요.
2. I think they're _____ along better. 그들이 점점 사이좋게 지내는 것 같아요.
3. I think that is _____ _____ . 그건 당신의 문제라고 생각해요.

Point Tip!

● **I think...**는 '나는 ~라고 생각한다'의 뜻이지만 우리말로 옮길 때 표현이 어색할 때는 그냥 자연스럽게 '~일걸' '~인 것 같아' 정도로 해석하면 된다. I think 뒤에 'that+주어+동사'의 형태가 올 경우, 목적어를 이끄는 접속사 that은 생략이 가능하다. 지시대명사로 쓰였을 경우에는 생략 불가능.

정답. 1. right 2. getting 3. your problem

pattern 037 I don't think you should ~

나는 당신이 ~하면 안 된다고 생각해요

Useful Expressions

❶ **I don't think you should** sleep now. 나는 당신이 지금 자면 안 된다고 생각해요.

❷ **I don't think you should** tell him. 나는 당신이 그에게 말하면 안 된다고 생각해요.

❸ **I don't think you should** meet her. 나는 당신이 그녀와 만나면 안 된다고 생각해요.

❹ **I don't think you should** keep drinking. 나는 당신이 계속 술을 마시면 안 된다고 생각해요.

❺ **I don't think you should** get off here. 나는 당신이 여기에서 내리면 안 된다고 생각해요.

Dialogue

A : You look very tired. What's the matter?
B : I drank too much yesterday.
A : Again? 난 네가 계속 술을 마시면 안 된다고 생각해.
B : I agree.

A : 너 굉장히 피곤해 보여. 무슨 일 있니?
B : 어제 과음을 했거든.
A : 또? I don't think you should keep drinking.
B : 내 생각도 그래.

Exercises

1. I don't think you should _____ it. 나는 당신이 그걸 사면 안 된다고 생각해요.
2. I don't think you should _____ _____ now. 나는 당신이 지금 일어나면 안 된다고 생각해요.
3. I don't think you should _____ _____ . 나는 당신이 그녀를 떠나면 안 된다고 생각해요.

Point Tip!

● 어떤 일을 하지 말라고 조언할 때 사용하는 표현이다. 그러나 **think**를 넣어 의견을 제시하는 정도이므로 그리 강력한 의미는 아니다. '~하지 않는 게 좋겠다' 는 뜻으로 무리 없이 사용할 수 있는 표현이다.

정답: 1. buy 2. get up 3. leave her

I'm thinking of ~

나는 ~하려고 생각 중이에요

Useful Expressions

❶ **I'm thinking of** learning English. 　난 영어를 배울까 생각 중이에요.
❷ **I'm thinking of** going to bed. 　난 잠자리에 들까 생각 중이에요.
❸ **I'm thinking of** marrying her. 　난 그녀와 결혼을 할까 생각 중이에요.
❹ **I'm thinking of** doing some shopping. 　난 쇼핑을 좀 할까 생각 중이에요.
❺ **I'm thinking of** dyeing my hair brown. 　난 머리를 갈색으로 염색할까 생각 중이에요.

Dialogue

A : What are you going to do this summer vacation?
B : I'm not sure. What are you going to do?
A : 난 중국어를 배울까 생각 중이야.
B : That's a good idea.

A : 이번 여름방학 때 뭐할 거야?
B : 아직은 잘 모르겠어. 너는 뭐할 건데?
A : I'm thinking of learning Chinese.
B : 그거 좋은 생각이네.

Exercises

1. I'm thinking of _____ him. 　난 그에게 전화할까 생각 중이에요.
2. I'm thinking of _____ the race. 　난 경주에 참가할까 하고 중이에요.
3. I'm thinking of ____ ____ ____ ____. 　난 새 차를 살까 생각 중이에요.

Point Tip!

● thinking of 뒤에 동사 -ing가 오면 '~하려고 생각 중'이란 뜻이 된다. 아직 확정되지 않은 상태에서 그쪽으로 기울어 있다는 뜻이며, 다소 조심스러운 어조의 느낌이 들기도 한다.
참고로 **dye**는 '염색하다'의 뜻을 가진 동사로 **die**(죽다)와 발음이 같으므로 주의하자.

정답. 1. calling 2. entering 3. buying a new car

"I want..."

Unit 10. I want...

want는 '원하다'의 뜻을 가진 동사이며, I want...는 자신이 원하는 걸 말할 때 사용하는 보다 직설적인 표현이다. 격의 없이 편안하게 쓸 수 있는 표현이므로 정중히 격식을 차려야 할 자리에서는 주의하도록 하자. 'I want+명사' 혹은 'I want to+동사'의 형태로 쓸 수 있다.

◎ Basic Expressions

❶ I want you.   나는 당신을 원해요.
❷ I want it all.   나는 그 모든 것을 원해요.
❸ I want a room, please.   방 하나 주세요.
❹ I want to slim down.   난 날씬해지기를 원해요.
❺ I want you to know this.   이건 알아두기 바랍니다.
❻ I want you to join us.   당신이 우리와 함께해 주기를 원해요.

pattern 039 I want to ~

나는 ~하고 싶어요

Useful Expressions

❶ **I want to** take a trip. 나는 여행을 가고 싶어요.
❷ **I want to** be an entertainer. 나는 연예인이 되고 싶어요.
❸ **I want to** raise a pet dog. 나는 애완견을 기르고 싶어요.
❹ **I want to** have a few days off. 며칠 간 쉬었으면 좋겠어요.
❺ **I want to** have new friends. 나는 새 친구들을 사귀고 싶어요.

Dialogue

A : Let's go to the electronic store.
B : What do you want to buy?
A : MP3 플레이어 사고 싶거든.
B : 좋아, 근데 나 배고파. 먼저 뭐 좀 먹자.

A : 전자제품 가게에 가보자.
B : 뭐 사려고?
A : I want to buy an MP3 player.
B : OK, but I'm hungry. Let's get something to eat first.

Exercises

1. I want to learn how to _____ . 나는 수영을 배우고 싶어요.
2. I want to _____ _____ _____ tomorrow. 내일은 늦잠을 자고 싶어요.
3. I want to _____ _____ the bathroom. 화장실에 가고 싶어요.

Point Tip!

● 미국에서는 **want to**를 발음상 편리하게 하려고 **wanna**라고 쓰기도 하는데 이는 강세(**stress**)에 따라 **t** 발음이 약해져 그렇게 된 것이다. 주로 구어체로 사용하며 노래나 영화, 시트콤 등에서 많이 쓰이는 표현이다.

정답: 1. swim 2. wake up late 3. go to

pattern 040 — I want you to ~

당신이 ~해 주었으면 해요

Useful Expressions

❶ **I want you to** help me.   당신이 나를 도와주었으면 해요.
❷ **I want you to** come here.   당신이 이리로 와주었으면 해요.
❸ **I want you to** keep it.   당신이 그걸 간직해줬으면 해요.
❹ **I want you to** show him around.   당신이 그를 안내해줬으면 해요.
❺ **I want you to** be my friend again.   다시 내 친구가 되어줬으면 해요.

Dialogue

A : 일 끝나고 남아줘.
B : Why? What's the matter?
A : I have something to ask you.
B : Okay.

A : I want you to stay after work.
B : 왜? 무슨 일인데?
A : 물어볼 게 좀 있어.
B : 알았어.

Exercises

1. I want you to _____ her.   당신이 그녀를 만났으면 해요.
2. I want you to _____ the phone.   당신이 전화를 받아줬으면 해요.
3. I want you to leave _____ _____ .   당신이 지금 당장 떠나줬으면 해요.

Point Tip!

● 'I want you to+동사'는 상대에게 뭔가 부탁하거나 희망할 때 쓰는 표현이다. 주로 격의 없는 사이에서나 아랫사람에게 쓸 수 있는 표현이다. 종종 지시나 명령에 가까운 느낌으로 쓰이기도 한다.

정답. 1. meet 2. answer 3. right now

pattern 041 You don't want to ~ 당신이 ~해선 안 될 것 같아요

Useful Expressions

❶ **You don't want to** know.   당신이 알아서는 안 될 것 같아요.
❷ **You don't want to** smoke.   당신은 담배를 피우면 안 될 것 같아요.
❸ **You don't want to** rush into anything.   너무 서두르지 않는 게 좋을 거예요.
❹ **You don't want to** go into the room.   그 방에 들어가지 않는 게 좋을 거예요.
❺ **You don't want to** say anything about it.   그것에 대해 아무것도 말해선 안 될 것 같아요.

Dialogue

A : What should we eat?
B : 런치스페셜은 주문하지 않는 게 좋을 거야.
A : Why? Have you ever tried it?
B : Yes, I have. It's terrible.

A : 뭐 먹을까?
B : You don't want to order the lunch special.
A : 왜? 먹어봤어?
B : 어, 먹어봤는데 형편없어.

Exercises

1. You don't want to _____ it.   그건 물어봐서는 안 될 것 같아요.
2. You don't want to _____.   그를 화나게 하면 안 될 것 같아요.
3. You don't want to _____.   오늘밤 술 마시면 안 될 것 같아요.

Point Tip!

● **You don't want to** 뒤에 동사를 붙여 직역하면 '당신은 ~하는 것을 원치 않는다' 이지만 실제로는 어떤 일을 하지 말라고 조언하는 완곡한 표현이다. '당신은 ~하지 않는 게 좋을 것 같다' '당신이 ~해서는 안 될 것 같다' 의 의미 정도로 해석하면 된다.

정답: 1. ask 2. make him angry 3. drink tonight

pattern 042 I just wanted to ~ 나는 단지 ~하고 싶었을 뿐이에요

Useful Expressions

① **I just wanted to** see you. 난 단지 당신이 보고 싶었을 뿐이에요.

② **I just wanted to** say thank you. 그저 감사하다고 말하고 싶었어요.

③ **I just wanted to** talk with you. 난 단지 당신과 얘기하고 싶었을 뿐이에요.

④ **I just wanted to** be friends with him. 난 단지 그와 친구가 되고 싶었을 뿐이에요.

⑤ **I just wanted to** tell you I love you. 난 단지 당신을 사랑한다고 말하고 싶었을 뿐이에요.

Dialogue

A : Are you still busy?
B : Not right now. What are you doing here?
A : 생일 축하한다는 말을 하고 싶어서.
B : Oh! Thanks so much.

A : 여전히 바쁘니?
B : 지금은 괜찮아. 여긴 웬일이야?
A : I just wanted to wish you a happy birthday.
B : 오! 정말 고마워.

Exercises

1. I just wanted to _____ _____. 난 단지 당신에게 묻고 싶었을 뿐이에요.
2. I just wanted to be _____. 난 단지 혼자 있고 싶었을 뿐이에요.
3. I just wanted to change my _____ _____. 난 단지 헤어스타일을 바꾸고 싶었을 뿐이에요.

Point Tip!

● 자신의 행동에 대해 상대방이 부담을 느끼거나 오해를 했을 경우에 **I just wanted to...**를 써서 자신의 순수한 의도를 설명할 수 있다. '나는 단지 ~하고 싶었을 뿐이에요' '나는 다만 ~하고 싶었어요' 정도로 해석하면 된다.

정답. 1. ask you 2. alone 3. hair style

part 02

영어회화를 위한 질문 패턴

Unit 11 ● **Are you...?**
Unit 12 ● **Is it...?**
Unit 13 ● **Is there...?**
Unit 14 ● **Do you want...?**
Unit 15 ● **Do you think...?**
Unit 16 ● **Do you know...?**
Unit 17 ● **Do you have...?**
Unit 18 ● **Can I...?**
Unit 19 ● **Can you...?**
Unit 20 ● **Shall+주어...?**
Unit 21 ● **Would you...?**
Unit 22 ● **What...?**
Unit 23 ● **Where...?**
Unit 24 ● **When...?**
Unit 25 ● **Who...?**
Unit 26 ● **Why...?**
Unit 27 ● **Which...?**
Unit 28 ● **How...?**
Unit 29 ● **How+부사/형용사...?**
Unit 30 ● **Have you...?**

Unit 11. Are you...?

You are...의 의문형으로 가장 기본적인 형태의 의문문이다. **Are you**＋명사 ~?로는 상대방의 신분이나 국적 등을 물어볼 수 있고, **Are you**＋형용사~? 로는 상대방의 상태나 상황을 물어볼 때 쓸 수 있다. 그밖에 Are you 뒤에 과거분사나 -ing형을 붙여 구체적인 질문을 할 수도 있다.

◎ **Basic Expressions**

❶ Are you Korean? — 한국인이세요?
❷ Are you okay? — 괜찮으세요?
❸ Are you free? — 시간 있어요?
❹ Are you happy now? — 지금 행복한가요?
❺ Are you busy right now? — 지금 바빠요?
❻ Are you married? — 결혼하셨어요?

pattern 043 Are you sure ~?

~이 확실해요?

Useful Expressions

❶ **Are you sure** you're okay? — 정말 괜찮아요?
❷ **Are you sure** you have everything? — 빠뜨린 것은 없나요?
❸ **Are you sure** you can land a job? — 직장을 구할 수 있는 건 확실한가요?
❹ **Are you sure** Jane likes him? — 제인이 그를 좋아한다는 게 확실해요?
❺ **Are you sure** you locked the door? — 문을 잠근 게 확실해요?

Dialogue

A : What if he doesn't come?
B : Don't worry. He will come.
A : 확실히 그가 오는 거야?
B : Yes, he said he would be here by noon.

A : 그가 안 오면 어떡하지?
B : 걱정 마. 올 거야.
A : **Are you sure he's coming?**
B : 그래, 정오까지 온다고 했어.

Exercises

1. Are you sure about _____? — 이거 확실해요?
2. Are you sure _____ _____ it? — 당신이 그 일을 한 게 확실해요?
3. Are you sure he _____ _____? — 그가 술을 안 마신 게 확실해요?

Point Tip!

● 상대방에게 궁금한 사항을 구체적으로 언급하며 물어볼 때 사용되는 표현이다. **Are you sure** 뒤에 전치사구나 주어+동사 절을 붙인 형태로 표현하면 된다. 참고로 **land a job**은 '(어렵게) 직업을 얻다'의 뜻이다.

정답. 1. this 2. you did 3. didn't drink.

Are you going to ~?

당신 ~할 거예요?

Useful Expressions

❶ **Are you going to** study English?   영어공부할 거예요?
❷ **Are you going to** marry her?   그녀와 결혼할 거예요?
❸ **Are you going to** take that job?   그 일을 할 거예요?
❹ **Are you going to** the movies?   영화 보러 가는 중이에요?
❺ **Are you going to** be off tomorrow?   내일 쉴 거예요?

Dialogue

A : 오늘 쇼핑하러 갈 거니?
B : Yes, why?
A : Let's go together. I want to buy something.
B : Okay, then, let's meet later.

A : Are you going shopping today?
B : 응, 왜?
A : 같이 가자. 사고 싶은 게 좀 있거든.
B : 그래, 그럼 이따 만나자.

Exercises

1. Are you going to _____ a new car?   새 차를 살 예정이에요?
2. Are you going to _____ at home?   집에 있을 거예요?
3. Are you going to _____ _____ now?   그에게 지금 말할 거예요?

Point Tip!

● **Are you going to** 뒤에 동사형이 올 경우에는 '~할 거예요?' '~할 예정인가요?'의 뜻으로 가까운 미래의 일을 나타내며, **Are you going to** 뒤에 명사형이 올 경우에는 '~에 가는 중이에요?'의 뜻으로 **go**의 진행형을 나타낸다.

정답. 1. buy 2. stay 3. tell him

pattern 045 Are you ready to ~?

~할 준비가 되었나요?

Useful Expressions

❶ **Are you ready to** go to school?   학교 갈 준비가 되었나요?
❷ **Are you ready to** start working?   일을 시작할 준비가 되었나요?
❸ **Are you ready to** go shopping?   쇼핑갈 준비가 되었나요?
❹ **Are you ready to** leave for camp?   캠프 떠날 준비가 되었나요?
❺ **Are you ready to** order?   주문하시겠습니까?

Dialogue

A : 주문하시겠습니까, 손님?
B : What's good today?
A : Today's special is roast beef, sir.
B : I will have that.

A : Are you ready to order, sir?
B : 오늘은 무엇이 좋습니까?
A : 오늘의 특별 요리는 로스트비프입니다.
B : 그것으로 하겠습니다.

Exercises

1. Are you ready to _____ _____?   집에 갈 준비가 되었나요?
2. Are you ready to _____ _____ _____ _____?   소풍 갈 준비가 되었나요?
3. Are you ready to _____ _____ _____?   사진 찍을 준비가 되었나요?

Point Tip!

● 'Are you ready to + 동사 원형'의 형태로 상대방에게 뭔가를 할 준비가 되었는지 물어볼 때 쓰는 표현이다. 참고로 식당에서 자주 듣게 되는 **Are you ready to order?**는 주문할 준비가 되어 있는지를 묻는 의미로 흔히 '주문하시겠습니까?'라고 해석한다.

정답: 1. go home 2. go on a picnic 3. take a picture

pattern 046 Are you interested in ~? ~에 관심 있어요?

Useful Expressions

❶ **Are you interested in** fishing?   낚시에 관심 있어요?
❷ **Are you interested in** studying design?   디자인 공부에 관심 있어요?
❸ **Are you interested in** Korean culture?   한국문화에 관심 있어요?
❹ **Are you interested in** learning Chinese?   중국어 배우는 데 관심 있어요?
❺ **Are you interested in** joining us?   우리와 함께 할 생각 있어요?

Dialogue

A : Who's that cute girl?
B : That's Lucy. 그녀에게 관심 있어?
A : Yes. Could you fix me up with her?
B : Sure, no problem.

A : 저 귀여운 여자는 누구야?
B : 루시야. Are you interested in her?
A : 어. 그녀를 소개시켜 줄래?
B : 물론이지.

Exercises

1. Are you interested in _____?   정치에 관심 있어요?
2. Are you interested in _____ the piano?   피아노 치는 데 관심 있어요?
3. Are you interested in _____ _____?   동양 예술에 관심 있어요?

Point Tip!

● 'be interested in'은 '~에 관심이 있다'는 뜻으로, Are you interested in 뒤에 -ing 형태를 붙여 '~에 관심 있어요?' '~할 생각 있어요?'라는 뜻으로 해석된다. 따라서 상대방의 관심사항을 묻는 의미뿐 아니라 권유의 의미로도 많이 쓰인다.

정답. 1. politics 2. playing 3. Oriental art

Are you done with ~?

~은 다 끝냈어요?

Useful Expressions

❶ **Are you done with** the book? — 그 책은 다 읽었어요?
❷ **Are you done with** the work? — 오늘 업무는 끝냈어요?
❸ **Are you done with** the computer? — 컴퓨터는 다 썼어요?
❹ **Are you done with** all your classes today? — 오늘 수업은 다 끝났어요?
❺ **Are you done with** your drink? — 잔은 비웠어요?

Dialogue

A : 조사는 다 끝냈어?
B : I'm almost finished.
A : How about a drink tonight?
B : That's good.

A : Are you done with the research?
B : 거의 끝났어.
A : 오늘밤 술 한 잔 하는 게 어때?
B : 그거 좋지.

Exercises

1. Are you done _____ _____? — 그건 다 끝냈어요?
2. Are you done with _____ _____? — 신문 다 읽었어요?
3. Are you done with _____ _____? — 숙제는 다 했어요?

Point Tip!

● **done**은 **do**의 과거분사형으로 형용사 역할을 한다. '마친' '끝낸' 이라는 뜻으로 **finished**와 같은 의미로 쓰인다. Are you done? Are you finished?와 같은 의미의 구어체로 Are you through?(다 끝났니?)란 표현도 많이 쓰인다.

정답: 1. with it 2. the paper 3. your homework

"Is it...?"

Unit 12. Is it...?

It is...의 의문형으로 Is it 뒤에 형용사, 명사, 전치사구를 붙여 다양한 의문문을 만들 수 있다. 참고로 it은 **지시대명사**로서 '그것' 이란 의미를 가지고 있지만, 모든 문장에서 다 지시대명사로 쓰이는 것은 아니다. 비인칭 주어로서 날짜나 요일, 시간, 거리, 막연한 상황 등을 나타낼 때는 뚜렷한 의미 없이 사용되므로 '그것' 이라고 해석해서는 안 된다.

◎ Basic Expressions

❶ Is it true? 그거 정말인가요?
❷ Is it free? 그거 공짜인가요?
❸ Is it over? 끝났습니까?
❹ Is it too far to walk? 걷기에는 너무 멉니까?
❺ Is it always like this? 항상 이런 식인가요?
❻ Is it worth trying? 그건 노력할 만한 가치가 있는 일인가요?

pattern 048 Is it okay if ~?

~해도 될까요?

Useful Expressions

1. **Is it okay if** I sit here? — 여기 앉아도 될까요?
2. **Is it okay if** I call you? — 당신에게 전화해도 될까요?
3. **Is it okay if** I use your computer? — 컴퓨터를 써도 될까요?
4. **Is it okay if** I go home early? — 집에 일찍 가도 될까요?
5. **Is it okay if** I take a few pictures? — 사진 몇 장 찍어도 될까요?

Dialogue

A : 개인적인 질문 하나 드려도 될까요?
B : Sure. What is it ?
A : Which school did you graduate?
B : I graduated from Harvard.

A : **Is it okay if I ask you a personal question?**
B : 물론이죠. 뭔데요?
A : 어느 학교 졸업하셨어요?
B : 저는 하버드대 졸업했습니다.

Exercises

1. Is it okay if I _____? — 담배 피워도 될까요?
2. Is it okay if I _____ _____ you later? — 나중에 얘기해도 될까요?
3. Is it okay if I _____ _____ for lunch? — 점심 먹으러 나가도 될까요?

Point Tip!

- 'Is it okay if+주어+동사' 형식으로 상대방의 의사를 묻거나 허락을 구할 때에 쓸 수 있는 표현이다. 이 때 okay 대신 all right을 사용해도 되고, 'if+주어+동사' 대신 'to+동사원형'을 넣어도 된다.

정답. 1. smoke 2. talk to 3. go out

Is it all right to ~?

~해도 괜찮을까요?

Useful Expressions

1. **Is it all right to** come in? — 들어가도 될까요?
2. **Is it all right to** have more? — 더 먹어도 될까요?
3. **Is it all right to** play games? — 게임해도 괜찮을까요?
4. **Is it all right to** come with him? — 그와 함께 가도 될까요?
5. **Is it all right to** go out for a minute? — 잠깐 나가도 괜찮을까요?

Dialogue

A : I'm dead tired.
B : Take a rest here and go if you are tired.
A : I really need it. 네 소파에서 자도 괜찮을까?
B : Sure. You go to sleep.

A : 피곤해 죽겠어.
B : 힘들면 여기서 쉬었다가 가.
A : 그래야겠어. **Is it all right to sleep on your couch?**
B : 물론이지. 어서 자.

Exercises

1. Is it all right to _____ _____? — 이거 먹어도 될까요?
2. Is it all right to _____ _____? — 지금 얘기해도 괜찮을까요?
3. Is it all right to _____ _____? — 다시 와도 괜찮을까요?

Point Tip!

- 'Is it all right to + 동사원형'의 형식으로 상대방의 의사를 묻거나 허락을 구할 때에 쓸 수 있는 표현이다. 이때 all right 대신 okay를 사용해도 되고, 'to + 동사원형' 대신 'if + 주어 + 동사'를 넣어도 된다.

정답: 1. eat this 2. speak now 3. come again

pattern 050 Is it possible to ~?

~가 가능한가요? / ~할 수 있나요?

Useful Expressions

① **Is it possible to** hire a guide?   가이드를 고용할 수 있습니까?
② **Is it possible to** connect to the Internet?   인터넷 연결이 가능한가요?
③ **Is it possible to** order an extra shirt?   셔츠를 추가로 주문할 수 있나요?
④ **Is it possible to** exchange this pair of shoes?   이 신발을 교환할 수 있나요?
⑤ **Is it possible to** change my flight reservation?   제 항공편 예약을 변경할 수 있을까요?

Dialogue

A : Do you accept credit cards?
B : Yes, we do.
A : 할부로 할 수 있을까요?
B : You can pay in 3-month installments.

A : 신용카드도 받나요?
B : 네, 받습니다.
A : Is it possible to pay in installment?
B : 3개월 할부로 지불할 수 있습니다.

Exercises

1. Is it possible to _____ _____ ?   이거 반품할 수 있나요?
2. Is it possible to _____ _____ overseas?   해외로 송금이 가능한가요?
3. Is it possible to ____ ____ ____ ?   다른 색을 주문할 수 있을까요?

Point Tip!

● 가능성을 물어볼 때는 형용사 **possible**을 이용하여 'Is it possible to + 동사원형'의 형태로 물어보면 된다. 'to + 동사원형' 대신 that절(that + 주어 + 동사) 문형을 사용해도 된다. 참고로 신발이나 안경처럼 좌우가 한 쌍일 경우 **a pair of**라는 표현을 쓰는 것에 주의하자.

정답. 1. return this 2. send money 3. order different colors

"Is there...?"

Unit 13. Is there...?

there는 흔히 '거기'라는 의미의 장소나 방향을 나타내는 지시부사로 많이 사용되지만 **there+be동사+명사형**의 문장에서는 there가 다른 의미 없이 문장을 이끄는 유도부사 역할을 하여 '~이 있다'라고 해석된다. 따라서 There is...의 의문형인 Is there...? 역시 '~이 있습니까?'라는 뜻이 된다.

◎ **Basic Expressions**

① **Is there** a service charge?   수수료가 있습니까?
② **Is there** another exit?   다른 출구가 있습니까?
③ **Is there** someone injured?   다친 사람 있습니까?
④ **Is there** a play every day?   공연이 매일 있습니까?
⑤ **Is there** a dress code?   복장에 규제는 있습니까?
⑥ **Is there** room service in this hotel?   이 호텔에 룸서비스가 있습니까?

pattern 051 Is there a ~?

~가 있습니까?

Useful Expressions

❶ **Is there an** intermission? 중간휴식시간이 있습니까?
❷ **Is there a** time difference? 시차가 있습니까?
❸ **Is there a** bus going downtown? 시내로 가는 버스가 있습니까?
❹ **Is there a** restaurant open at this time? 이 시간에 문을 연 식당이 있습니까?
❺ **Is there a** way I can master English? 영어를 정복할 수 있는 방법이 있습니까?

Dialogue

A : Excuse me. May I ask you a question?
B : Sure.
A : 근처에 서점이 있습니까?
B : There's one at the end of this block.

A : 실례합니다. 말씀 좀 여쭤도 될까요?
B : 그러세요.
A : Is there a bookstore around here?
B : 이 블록이 끝나는 지점에 하나 있어요.

Exercises

1. Is there a _____ nearby? 부근에 약국이 있습니까?
2. Is there a _____ _____ today? 오늘 야구경기가 있습니까?
3. Is there a PC room _____ _____ _____? 이 호텔에 PC룸이 있습니까?

Point Tip!

● 'Is there+명사…?' 형태의 경우 Is there 뒤에는 정관사 the가 올 수 없고, 부정관사 a[an]만 올 수 있다. 'Is there…?'라고 물을 때 정해진 무엇이 아니라 정해져 있지 않은 것을 물어보는 것이기 때문에 반드시 a[an]가 와야 한다.

정답. 1. drugstore 2. baseball game 3. in this hotel

Is there any ~?

~ 좀 있습니까?

Useful Expressions

1. **Is there any** message? — 전할 말씀이 있으십니까?
2. **Is there any** discount? — 할인은 뭐 좀 없습니까?
3. **Is there any** seafood restaurant in the hotel? — 호텔에 해물요리 식당이 있습니까?
4. **Is there any** set time for the morning break? — 아침 휴식시간이 정해져 있나요?
5. **Is there any** other way to go besides subway? — 지하철 외에 다른 방법이라도 있습니까?

Dialogue

A : Do you carry black and white film?
B : Yes, we do. There are two brands.
A : 둘 사이에 무슨 차이가 있습니까?
B : Almost no difference in quality.

A : 흑백필름 있습니까?
B : 네, 물건은 두 가지가 있습니다만.
A : Is there any difference between them?
B : 품질엔 차이가 거의 없습니다.

Exercises

1. Is there any message _____ _____? — 저에게 온 메시지가 있습니까?
2. Is there any coffee _____? — 커피 남은 것 좀 있습니까?
3. Is there any _____ _____ on now? — 지금 뭐 괜찮은 프로그램 하나요?

Point Tip!

● 특정한 사람이나 사물을 가리키지 않고 막연하게 어떤 사물이나 사람, 또는 수량을 나타내는 대명사를 부정(不定)대명사라 하는데, **any**는 '얼마' '어느 정도'의 뜻으로 부정의 수량을 나타내는 대명사이다. 긍정문에서는 '어떤 ~라도', '무엇이든'의 의미로 쓰인다.

정답. 1. for me 2. left 3. good programs

pattern 053 Is there anything ~?

다른 ~은 없습니까? / 뭔가 ~한 건 없습니까?

Useful Expressions

❶ **Is there anything** else? 　　　　　　　　　　　다른 게 더 있습니까?

❷ **Is there anything** further? 　　　　　　　　　더 이상의 사항이 있습니까?

❸ **Is there anything** else to be aware of? 다른 주의사항은 있습니까?

❹ **Is there anything** good on TV tonight? 오늘밤 TV에서 뭐 재미난 거 합니까?

❺ **Is there anything** else I can help you with? 다른 것은 뭐 또 도와드릴 것이 없습니까?

Dialogue

A : May I help you?
B : I want to buy a gift for my wife.
A : 특별히 찾으시는 게 있습니까?
B : I'd like to buy a watch.

A : 도와드릴까요?
B : 집사람에게 줄 선물을 사고 싶은데요.
A : **Is there anything special that you're looking for?**
B : 시계를 사고 싶습니다.

Exercises

1. Is there anything _____ ? 　좀더 싼 게 있습니까?
2. Is there anything _____ _____ ? 　　마실 거 좀 있습니까?
3. Is there anything you want to _____ _____ ? 내게 하고 싶은 말이 있습니까?

Point Tip!

● **anything**도 **any**와 마찬가지로 어느 사물이나 사람에 대해 일정하게 정해지지 않은 부정(不定)의 수와 양을 가리켜 나타내는 부정대명사이다. '무엇이든' '뭔가' '뭐 좀' 정도로 해석하면 된다.

정답: 1. cheaper 2. to drink 3. tell me

pattern 054 Is there anyone who ~?

~하는 사람 있습니까?

Useful Expressions

❶ **Is there anyone who** can help me? 저를 도와주실 분 있습니까?
❷ **Is there anyone who** can drive? 운전할 수 있는 사람 있습니까?
❸ **Is there anyone who** speaks Korean? 한국어 할 수 있는 사람 있습니까?
❹ **Is there anyone who** can drive you home? 당신을 집까지 태워줄 사람 있습니까?
❺ **Is there anyone who** knows how to do this? 이거 어떻게 하는지 아는 사람 있습니까?

Dialogue

A : 응급처치 할 수 있는 사람 있습니까?
B : What's the matter?
A : My friend was hurt.
B : I'll call an ambulance.

A : Is there anyone who can perform first aid?
B : 무슨 일입니까?
A : 제 친구가 다쳤어요.
B : 구급차를 부를게요.

Exercises

1. Is there anyone who can _____ _____ ? 당신을 도와줄 분 있습니까?
2. Is there anyone who _____ _____ ? 일본어 할 수 있는 사람 있습니까?
3. Is there anyone who can _____ _____ ? 그거 고칠 수 있는 사람 있습니까?

Point Tip!

● anyone 역시 부정(不定)대명사로 긍정문에서는 '누구든지', '누구라도'의 뜻으로 쓰인다.
참고로 first aid는 '응급처치' 라는 뜻이다.

정답: 1. help you 2. speaks Japanese 3. fix it

pattern 055 Is there something ~?

~한 뭔가 있습니까?

Useful Expressions

① **Is there something** you want to eat?   뭐 먹고 싶은 거 있습니까?
② **Is there something** wrong with it?   뭐 잘못 된 게 있습니까?
③ **Is there something** on your mind?   당신이 생각하고 있는 게 있습니까?
④ **Is there something** I'm forgetting?   내가 뭔가 잊은 게 있습니까?
⑤ **Is there something** you want to tell me?   내게 뭐 하고 싶은 얘기가 있습니까?

Dialogue

A : 제가 뭐 도와드릴 거 있습니까?
B : Do you really mean it?
A : Of course, I do.
B : Well then, please set the table.

A : Is there something I can help you with?
B : 진담이에요?
A : 물론 진담이죠.
B : 그럼, 상 좀 차려주세요.

Exercises

1. Is there something on _____ _____?   제 얼굴에 뭐가 묻었습니까?
2. Is there something more you like to _____?   더 알고 싶은 것 있습니까?
3. Is there something _____ with your computer?   컴퓨터에 무슨 문제라도 있습니까?

Point Tip!

● **Is there anything…?**은 뭐가 있는지 없는지 모르는 상태에서 물어보는 것이고, **Is there something…?**은 뭐가 있을 거라고 추측한 상태에서 뭔가가 있는지 물어보는 표현이다.

정답: 1. my face 2. know 3. wrong

"Do you want...?"

Unit 14. Do you want...?

상대방의 의향을 물어볼 때 쓸 수 있는 표현이다. 'Do you want to+동사' 의 형태는 '~할래요?' '~하고 싶어요?' 의 의미이며, 'Do you want me to+동사' 의 형태는 주체가 '나' 가 되어 '내가 ~할까요?' '내가 ~하기를 원해요?' 라는 의미로 쓰인다. 또한 Do you want 앞에 What, When, Why, Where, Who, How 등의 의문사를 붙이면 여러 가지 다양한 질문들이 가능하다.

ⓞ Basic Expressions

❶ Do you want to rest?   좀 쉴래요?
❷ Do you want me to help you?   제가 도와 드릴까요?
❸ Do you want anything else?   그 밖에 원하는 것 있어요?
❹ Do you want some more coffee?   커피 더 하시겠어요?
❺ Do you want cream and sugar?   크림과 설탕을 넣을까요?

pattern 056 Do you want to ~?

~할래요? / ~하고 싶어요?

Useful Expressions

1. **Do you want to** try some more? — 좀더 드실래요?
2. **Do you want to** take tomorrow off? — 내일 쉬고 싶어요?
3. **Do you want to** go to the movies? — 영화 보러 갈래요?
4. **Do you want to** play for something? — 뭐 내기 할래요?
5. **Do you want to** come along with us? — 우리와 함께 갈래요?

Dialogue

A : My mouth is watering.
B : 이거 한입 먹어볼래?
A : Yes. Umm... It's delicious. You're such a good cook.
B : Thank you for saying so.

A : 군침이 도는데.
B : **Do you want to take a bite?**
A : 그래. 음... 아주 맛있다. 너 요리 잘하는구나.
B : 그렇게 말해주어 고마워.

Exercises

1. Do you want to _____ a game? — 게임 할래요?
2. Do you want to _____ snow boarding? — 스노우보드 타러 갈래?
3. Do you want to ____ ____ ____ tonight? — 오늘밤에 영화 볼래?

Point Tip!

- 흔히 go는 '가다' come은 '오다' 라고 알고 있지만 실제로 우리말로 옮길 때 일치하지 않는 경우가 많다. 그 이유는 가는 사람과 맞이하는 사람의 입장 차이 때문인데, 쉽게 말해 듣는 사람의 입장에서 말한다고 생각하면 된다.

정답: 1. play 2. go 3. see a movie

pattern 057 Do you want me to ~?

내가 ~할까요?

Useful Expressions

① **Do you want me to help you?**   내가 도와줄까요?
② **Do you want me to hold that?**   내가 그것을 들어 드릴까요?
③ **Do you want me to type it?**   내가 타이프 해줄까요?
④ **Do you want me to come with you?**   내가 같이 가 줄까요?
⑤ **Do you want me to give you a ride?**   내가 태워다줄까요?

Dialogue

A : May I take pictures here?
B : Sure. 제가 사진 찍어 드릴까요?
A : Please.
B : Are you ready? Say "Cheese".

A : 여기서 사진 찍어도 됩니까?
B : 물론이죠. Do you want me to take a picture of you?
A : 부탁합니다.
B : 준비됐습니까? "치즈" 하세요.

Exercises

1. Do you want me to _____ your bag?   내가 가방 들어줄까요?
2. Do you want me to _____ you home?   내가 집에 데려다줄까요?
3. Do you want me to _____ a sandwich?   내가 샌드위치 만들어줄까요?

Point Tip!

● 'Do you want me to+동사'의 형태로 '내가 ~ 할까요?' ' 내가 ~하기를 원하세요?'라는 의미이다. 참고로 **take** 동사는 '가져오다, 빼앗다, 만들다, 타다, 찍다' 등 이밖에도 여러 가지 뜻을 가지고 있다. 여기에서는 '(사진을) 찍다'와 '데려다주다'의 의미로 쓰였다.

정답: 1. carry 2. take 3. make

pattern 058 What do you want to ~?

무엇을 ~하고 싶어요?

Useful Expressions

❶ **What do you want to** do? — 뭐 하고 싶어요?
❷ **What do you want to** be? — 뭐가 되고 싶어요?
❸ **What do you want to** know? — 무엇을 알고 싶어요?
❹ **What do you want to** buy your girlfriend? — 여자친구에게 뭐 사주고 싶어요?
❺ **What do you want to** do this long weekend? — 연휴 동안에 뭐 하고 싶어요?

Dialogue

A : 뭐 먹고 싶어?
B : How about seafood?
A : Good. Do you know good restaurant?
B : Yes, just follow me.

A : What do you want to eat?
B : 해물요리 어때?
A : 좋아. 잘하는 레스토랑 알아?
B : 응, 날 따라와.

Exercises

1. What do you want to _____? — 무엇을 배우고 싶어요?
2. What do you want to _____ for your birthday? — 생일에 뭐 갖고 싶어요?
3. What do you want to be ____ ____ ____? — 장래희망이 뭐예요?

Point Tip!

● '~이 되다'라는 의미의 동사는 **be**와 **become**이 있다. 그러나 **be**는 상태나 지위 자체를 나타내므로 주로 미래에 '~이 되다'라는 뜻으로 쓰이고, **become**은 그 전의 상태나 지위에서 바뀌어 '~이 되다'라는 뜻이므로 그 의미가 조금 다르다.

정답: 1. learn 2. get 3. in your future

pattern 059 When do you want to ~?

언제 ~하고 싶어요?

Useful Expressions

① **When do you want to** start? 언제 시작하고 싶어요?
② **When do you want to** move in? 언제 이사하고 싶어요?
③ **When do you want to** go there? 언제 그곳으로 가고 싶어요?
④ **When do you want to** take your vacation? 언제 휴가 가고 싶어요?
⑤ **When do you want to** visit your grandparents? 언제 조부모님 댁에 가고 싶어요?

Dialogue

A : 언제 결혼하고 싶어?
B : I want to marry at about 30 years old.
A : What kind of person do you want?
B : A generous and flexible man.

A : When do you want to get married?
B : 난 서른 살 쯤에 하고 싶어.
A : 어떤 사람을 원하는데?
B : 포용력 있고 융통성 있는 사람.

Exercises

1. When do you want to _____? 언제 떠나고 싶어요?
2. When do you want to _____? 언제 쇼핑가고 싶어요?
3. When do you want to _____? 언제 그것에 대해 얘기하고 싶어요?

Point Tip!

● 상대방의 의향을 물어보는 'Do you want to+동사' 형 앞에 의문사 When을 붙인 형태이다. 참고로 **about**은 수사 앞에서 '~쯤', '~정도', '대략' 의 의미로 쓰인다.

정답: 1. leave 2. go shopping 3. talk about that

pattern 060 Why do you want to ~? 왜 ~하고 싶어요?

Useful Expressions

① **Why do you want to** go there? 왜 그곳에 가고 싶어요?
② **Why do you want to** be a writer? 왜 작가가 되고 싶어요?
③ **Why do you want to** marry him? 왜 그와 결혼하고 싶어요?
④ **Why do you want to** know so badly? 왜 그렇게 알고 싶어해요?
⑤ **Why do you want to** travel around the world? 왜 세계일주를 하고 싶어요?

Dialogue

A : 왜 영어를 배우고 싶어?
B : Well, I want to travel around the world someday.
A : That sounds so cool.
B : I will work hard and accomplish my dream.

A : **Why do you want to learn English?**
B : 글쎄요, 언젠가는 세계일주를 하고 싶거든.
A : 그거 정말 멋진데.
B : 열심히 해서 내 꿈을 이룰 거야.

Exercises

1. Why do you want to _____ _____ ? 왜 포기하고 싶어요?
2. Why do you want to _____ _____ ? 왜 여기에 머물고 싶어요?
3. Why do you want to _____ _____ _____ ? 왜 그 동아리에 가입하고 싶어요?

Point Tip!

● 상대방의 의향을 물어보는 'Do you want to+동사' 형 앞에 의문사 Why를 붙인 형태이다. 참고로 why 는 '왜'라는 뜻을 가지고 있지만, 종종 다른 의미로도 해석된다. Why not?의 경우 sure와 같은 긍정의 의미로, Why don't you?는 '~하는 게 어때?'의 의미로 쓰인다.

정답: 1. give up 2. stay here 3. join the club

"Do you think...?"

Unit 15. Do you think...?

상대방이 어떻게 생각하는지 물어볼 때 쓸 수 있는 표현이다. Do you think 뒤에 명사, 혹은 '주어+동사'를 붙여 다양한 문장을 만들 수 있다. 또한 Do you think 앞에 what이나 why를 붙여 어떤 것에 대한 상대방의 구체적인 생각을 물어볼 수 있다.

◎ Basic Expressions

❶ Do you think so?　　　　　　　그렇게 생각해요?
❷ Do you think I'm strange?　　　내가 이상하다고 생각해요?
❸ Do you think he's smart?　　　그 사람이 똑똑하다고 생각해요?
❹ Do you think this is right?　　　이게 맞는 거라고 생각해요?
❺ Do you think it's possible?　　　그게 가능하다고 생각해요?
❻ Do you think this looks good on me?　이것이 나한테 어울린다고 생각해

Don't you think ~?

~라고 생각하지 않아요?

Useful Expressions

❶ **Don't you think** so? — 그렇게 생각하지 않아요?
❷ **Don't you think** it's cool? — 근사하지 않아요?
❸ **Don't you think** that's natural? — 그게 당연하다고 생각되지 않아요?
❹ **Don't you think** you're too harsh? — 너무하다고 생각하지 않아요?
❺ **Don't you think** it would be better to stay home? — 집에 있는 게 낫지 않겠어요?

Dialogue

A : 그녀가 예쁘다고 생각지 않아?
B : Yes, I think so.
A : I want to meet her.
B : She's already married.

A : Don't you think she's good looking?
B : 응, 그렇게 생각해.
A : 그녀와 만나보고 싶어.
B : 그 여자 이미 결혼했어.

Exercises

1. Don't you think this is _____? — 이건 충분하다고 생각지 않아요?
2. Don't you think you're being _____? — 좀 무례하다고 생각하지 않아요?
3. Don't you think you'd better _____? — 당신이 가는 것이 좋지 않겠어요?

Point Tip!

● 상대의 생각을 묻는 질문이라기보다는 상대방의 동의를 구할 때 쓸 수 있는 표현이다. **Don't you...?**와 같은 부정의문문에 대한 대답은 헷갈리기 쉽지만 영어에서는 긍정일 때는 무조건 **yes**, 부정일 때는 무조건 **no**라고 말하면 된다.

정답. 1. enough 2. rude 3. go

pattern 062 What do you think of ~?   ~에 대해 어떻게 생각해요?

Useful Expressions

❶ **What do you think of** Korea?   한국에 대해 어떻게 생각해요?
❷ **What do you think of** the movie?   그 영화에 대해 어떻게 생각해요?
❸ **What do you think of** modern art?   현대 미술에 대해 어떻게 생각해요?
❹ **What do you think of** his explanation?   그의 설명에 대해 어떻게 생각해요?
❺ **What do you think of** my new car?   새로 산 내 차에 대해 어떻게 생각해요?

Dialogue

A : 이 문제에 대해 어떻게 생각해요?
B : I'm against it.
A : Why do you think so?
B : Well, I can't pinpoint it.

A : What do you think of this matter?
B : 전 반대합니다.
A : 왜 그렇게 생각하시죠?
B : 글쎄요, 딱 꼬집어서 말할 수는 없군요.

Exercises

1. What do you think of _____ _____?   그의 아이디어에 대해 어떻게 생각해요?
2. What do you think of _____ _____?   이 그림에 대해 어떻게 생각해요?
3. What do you think of _____ _____?   한국 음식에 대해 어떻게 생각해요?

Point Tip!

● How do you think...?와 같은 뜻이다. 다만 What do you think of 뒤에는 명사나 명사형이 오고 How do you think 뒤에는 '주어+동사' 형이 온다. How do you think?는 자주 쓰는 표현은 아니므로 What do you think?로 익혀두자.

정답. 1. his idea 2. this picture 3. Korean food

Why do you think ~?

왜 ~라고 생각해요?

Useful Expressions

❶ **Why do you think** so?   왜 그렇게 생각해요?
❷ **Why do you think** I know?   왜 내가 안다고 생각해요?
❸ **Why do you think** they broke up?   왜 그들이 헤어졌다고 생각해요?
❹ **Why do you think** he was promoted?   왜 그가 승진했다고 생각해요?
❺ **Why do you think** she did not succeed?   왜 그녀가 성공하지 못했다고 생각해요?

Dialogue

A : How about taking a taxi?
B : I think we had better take the subway.
A : 왜 우리가 지하철 타는 게 낫다고 생각해?
B : It's almost impossible to find a taxi during rush hour.

A : 우리 택시 타는 게 어때?
B : 지하철 타는 게 낫겠어.
A : Why do you think we had better take the subway?
B : 출퇴근 시간에 택시잡기란 거의 불가능해.

Exercises

1. Why do you think that _____ _____ _____? 왜 그가 거짓말쟁이라고 생각해요?
2. Why do you think he _____ _____ her? 왜 그가 그녀를 사랑하지 않는다고 생각해요?
3. Why do you think _____ _____ happen? 왜 이런 일들이 일어난다고 생각해요?

Point Tip!

● 이 문형은 우리말로 옮길 때 **why**가 두 가지 의미로 해석이 가능하여 다소 헷갈릴 수 있지만, 중요한 건 **why**가 생각하는 사람의 의견에 대한 의문사라는 사실이다. 따라서 **What makes you think so?**(무엇이 당신을 그렇게 생각하게 했나요?)와 같은 의미로 생각하면 이해하기 쉽다.

정답. 1. he's a liar 2. doesn't love 3. these things

"Do you know...?"

Unit 16. Do you know...?

I know...의 의문형으로 상대방에게 무엇을 아는지 물어볼 때 사용하는 가장 기본적인 형태의 의문문이다. Do you know 뒤에 명사, 명사구, 명사절을 붙여 다양한 의미로 사용할 수 있다. 또한 구어체로는 do를 생략하고 You know...? 형태로 사용하기도 한다.

◎ Basic Expressions

❶ Do you know that?   그거 알아요?
❷ Do you know who I am?   내가 누군지 알아요?
❸ Do you know that woman?   저 여자 알아요?
❹ Do you know the story?   그 이야기 알아요?
❺ Do you know the way?   그 길을 알아요?
❻ Do you know the time?   지금 몇 시인지 알아요?

pattern 064 Do you know what ~?

~를 아세요?

Useful Expressions

❶ **Do you know what this is?** 이게 뭔지 아세요?
❷ **Do you know what to do?** 무엇을 해야 하는지 아세요?
❸ **Do you know what happened?** 무슨 일이 생겼는지 아세요?
❹ **Do you know what he wants?** 그가 무엇을 원하는지 아세요?
❺ **Do you know what they are doing?** 그들이 무엇을 하고 있는지 아세요?

Dialogue

A : 오늘이 무슨 날인지 알아?
B : I have no idea.
A : It's Tommy's birthday.
B : Oh, I almost forgot.

A : **Do you know what today is?**
B : 모르겠는데.
A : 토미의 생일이야.
B : 오, 하마터면 잊을 뻔했네.

Exercises

1. Do you know what _____ _____ next? 다음에 뭐 할지 아세요?
2. Do you know what _____ _____ ? 그게 무슨 의미인지 아세요?
3. Do you know what _____ _____ ? 그가 뭐하는 사람인지 아세요?

Point Tip!

● 요일을 물을 때는 **What day is today?**(오늘이 무슨 요일이지?), 날짜를 물을 때는 **What's the date today?**(오늘이 며칠이지?)라고 한다. 오늘이 무슨 날인지 물어볼 때는 **What is today?**라 하는데, 여기에서는 'Do you know+의문사+주어+동사' 형식의 간접의문문이므로 **Do you know what today is?**가 되었다.

정답. 1. to do 2. that means 3. he does

pattern 065 Do you know why ~?

왜 ~한지 아세요?

Useful Expressions

❶ **Do you know why** I came here? — 내가 왜 여기에 왔는지 아세요?
❷ **Do you know why** I called you? — 내가 왜 당신한테 전화했는지 아세요?
❸ **Do you know why** I like you? — 내가 왜 당신을 좋아하는지 아세요?
❹ **Do you know why** I like this job? — 내가 왜 이 일을 좋아하는지 아세요?
❺ **Do you know why** they chose him? — 그들이 왜 그를 선택했는지 아세요?

Dialogue

A : Where is Ann?
B : She has gone home.
A : Really? 그녀가 왜 집에 갔는지 알아?
B : Well, I don't know.

A : 앤은 어디 있어?
B : 집에 갔어.
A : 정말? Do you know why she went home?
B : 글쎄, 난 잘 모르겠는데.

Exercises

1. Do you know why I _____ it? — 내가 왜 그걸 샀는지 아세요?
2. Do you know why he _____ _____? — 그가 왜 여기에 없는지 아세요?
3. Do you know why I _____ _____? — 내가 왜 겨울을 좋아하는지 아세요?

Point Tip!

● 헷갈리기 쉬운 has gone과 is gone은 그 의미가 완전히 다르다. is gone은 완전히 떠나버린 상태를 말하는 것이고, has gone은 행동 자체의 완료 의미로서 단순히 어딘가로 떠난 상태를 말하는 것이다. 쉽게 말해 is gone이 더 절망적인 의미이다.

정답. 1. bought 2. isn't here 3. like winter

Do you know when ~? 언제 ~하는지 아세요?

Useful Expressions

❶ **Do you know when** the party is? 　파티가 언제인지 아세요?
❷ **Do you know when** we leave? 　우리가 언제 떠나는지 아세요?
❸ **Do you know when** he comes back? 　그가 언제 돌아오는지 아세요?
❹ **Do you know when** her birthday is? 　그녀의 생일이 언제인지 아세요?
❺ **Do you know when** the meeting starts? 　회의가 언제 시작되는지 아세요?

Dialogue

A : Are you currently having a sale?
B : No, we're not. The sale ended yesterday.
A : Just my luck. 언제 다시 할인 판매를 할지 아세요?
B : I don't know.

A : 지금 할인판매 중입니까?
B : 아뇨. 할인판매는 어제 끝났습니다.
A : 운이 없군요. Do you know when it will go on sale again?
B : 모르겠습니다.

Exercises

1. Do you know when it _____? 　그건 언제 시작하는지 아세요?
2. Do you know when the _____ _____? 　영화가 언제 시작하는지 아세요?
3. Do you know when she _____ _____ _____? 　그녀가 언제 돌아올지 아세요?

Point Tip!

● **sale**은 판매, 혹은 염가판매를 의미한다. **bargain**은 가격인하를 말하는 것이 아니고, 물건을 싸게 사거나 혹은 흥정을 통해 가격을 깎은 경우를 말한다. 따라서 **bargain sale**(바겐세일)이라는 표현보다는 그냥 **sale**이라고 하는 것이 더 적절한 표현이다. 대폭할인은 **big sale**이라 한다.

정답. 1. starts 2. movie starts 3. will be[come] back

pattern 067 Do you know how to ~? 하는 방법을 알아요?

Useful Expressions

❶ **Do you know how to** drive? 운전할 줄 알아요?
❷ **Do you know how to** use the Internet? 인터넷 사용할 줄 알아요?
❸ **Do you know how to** play the guitar? 기타 연주할 줄 알아요?
❹ **Do you know how to** call overseas? 국제전화 거는 방법 알아요?
❺ **Do you know how to** operate this machine? 이 기계 작동 방법 알아요?

Dialogue

A : 이거 사용하는 방법 알아?
B : Yes, of course.
A : I don't know how to set the time.
B : Press this button.

A : **Do you know how to use this?**
B : 물론이지.
A : 시간을 어떻게 설정하는지 모르겠어.
B : 이 버튼을 눌러.

Exercises

1. Do you know how to _____ _____ ? 그곳으로 가는 방법 알아요?
2. Do you know how to _____ _____ ? 칵테일 만드는 법 알아요?
3. Do you know how to _____ _____ ? 젓가락 사용할 줄 알아요?

Point Tip!

● 'Do you know how to+동사'의 형태로 '~하는 방법을 알아요?' '~할 줄 알아요?'의 뜻이 된다. 참고로 여기서 **operate**는 '작동하다' '조종하다'의 의미로 쓰였다.

정답. 1. get there 2. make cocktail 3. use chopsticks

Do you know anything about ~?

~에 대해 뭔가 아는 거 있어요?

Useful Expressions

1. **Do you know anything about** jazz? 재즈에 대해 뭐 아는 거 있어요?
2. **Do you know anything about** Korean culture? 한국문화에 대해 뭐 아는 거 있어요?
3. **Do you know anything about** the tree? 저 나무에 대해 뭐 아는 거 있어요?
4. **Do you know anything about** fixing cars? 차 수리에 대해 뭔가 아는 거 있어요?
5. **Do you know anything about** our new teacher? 새로 온 선생님에 대해 뭐 아는 거 있어요?

Dialogue

A : I have started to work in the MI company.
B : Oh, great! Congratulations!
A : Thanks. 그 회사에 대해 아는 거 좀 있어?
B : The company is going public next month.

A : 나 MI사에서 일하게 됐어.
B : 오, 잘됐다! 축하해!
A : 고마워. Do you know anything about the company?
B : 그 회사 다음달에 상장되잖아.

Exercises

1. Do You know anything about _____? 골프에 대해 뭐 좀 아는 거 있어요?
2. Do you know anything about _____ _____? 브라질 음악에 대해 뭐 아는 거 있어요?
3. Do you know anything about _____ _____? 이 돈에 대해 뭔가 아는 거 있어요?

Point Tip!

● 'Do you know anything about+명사?' 의 형태로 '~에 대해 뭔가 아는 거 있어요?' 라는 뜻의 문장을 만들 수 있다. 참고로 go public은 '상장되다' 의 의미이다.

정답. 1. golf 2. Brazilian music 3. this money

pattern 069 Do you know if ~?

~인지 아닌지 알아요?

Useful Expressions

① **Do you know if** it's true? — 그게 사실인지 아닌지 알아요?
② **Do you know if** he's at home? — 그가 집에 있는지 없는지 알아요?
③ **Do you know if** he's a doctor? — 그가 의사인지 아닌지 알아요?
④ **Do you know if** he won the game? — 그가 우승했는지 안 했는지 알아요?
⑤ **Do you know if** he's got any money? — 그가 돈을 가지고 있는지 아닌지 알아요?

Dialogue

A : 주말 날씨가 좋은지 아닌지 알아?
B : According to the weather forecast it will be fine.
A : Oh, yeah? I'll go camping.
B : That sounds interesting.

A : Do you know if it's sunny on the weekend?
B : 일기예보에 의하면 좋을 거래.
A : 오, 그래? 나 캠핑 갈 예정이거든.
B : 재미있겠네.

Exercises

1. Do you know if he's _____? — 그가 오는지 안 오는지 알아요?
2. Do you know if it's _____? — 그것이 당신 것인지 아닌지 알아요?
3. Do you know if she's _____? — 그녀가 괜찮은지 아닌지 알아요?

Point Tip!

● **if**는 흔히 '~이라면' 이라는 뜻을 가진 조건부사절로 쓰이지만, 여기서는 '~인지 아닌지' 라는 뜻의 명사절을 이끄는 접속사로 쓰였다. **if ~ or not** 구문으로 문장 끝에 **or not**이 생략된 형태이다. **if**대신 **whether**를 넣어도 된다.

정답: 1. coming 2. yours 3. okay

Unit 17. Do you have...?

have동사의 의문문으로 상대방에게 무엇을 가지고 있는지 물어보는 표현이다. 'Do you have+명사...?' 의 형태로 have의 목적어로는 물질명사와 추상명사 등 다양한 명사들이 와서 소유여부, 존재여부를 묻거나 특정한 정보를 요구할 수 있다. '~을 가지고 있습니까?' '~이 있습니까?' 라고 해석된다.

⊚ Basic Expressions

1. Do you have time? — 시간 있어요?
2. Do you have the time? — 몇 시입니까?
3. Do you have a table? — 자리 있습니까?
4. Do you have a computer? — 컴퓨터를 가지고 있나요?
5. Do you have the tour today? — 오늘 관광이 있습니까?
6. Do you have another appointment? — 다른 약속이 있습니까?

pattern 070 Do you have any ~?　　～(라도) 좀 있나요?

Useful Expressions

❶ **Do you have any** time?　　시간 좀 있어요?
❷ **Do you have any** hobbies?　　취미가 있나요?
❸ **Do you have any** messages for me?　　저에게 온 메시지가 있나요?
❹ **Do you have any** more of these?　　이런 걸로 좀 더 있어요?
❺ **Do you have any** extra towels?　　혹시 여분의 수건이 좀 있을까요?

Dialogue

A : 서울로 가는 비행기 편이 있습니까?
B : Yes, we have flights to Seoul every day.
A : Then, I'd like to make a reservation.
B : When would you like to leave?

A : **Do you have any flights to Seoul?**
B : 네, 매일 두 편씩 있습니다.
A : 그렇다면 예약을 하고 싶습니다.
B : 언제 떠나실 겁니까?

Exercises

1. Do you have any _____?　　질문이 있나요?
2. Do you have any _____ _____?　　샐러드 좀더 있나요?
3. Do you have _____ _____ this Sunday?　　이번 일요일에 무슨 계획 있어요?

Point Tip!

● **any**는 **some**과 함께 복수형의 명사나 셀 수 없는 명사 앞에 붙어서 어떤 명사의 양을 정확히 표현하기 힘들 때 사용한다. 일반적으로 **some**은 긍정문과 권해주는 의문문에서 사용되고, **any**는 일반 의문문, 부정문, if 조건절에서 사용된다. **some**은 있을 것으로 예상하고 좀 달라는 의미가 포함되어 있고, **any**는 조금이라도 있는지 없는지를 묻는 것이다.

정답. 1. questions 2. more salad 3. any plans

Do you have anything to ~?

(뭔가) ~한 게 있어요?

Useful Expressions

❶ **Do you have anything** else? 　　다른 것은 없나요?
❷ **Do you have anything** to do? 　　뭐 할 일 좀 있어요?
❸ **Do you have anything** cheaper? 　　좀더 싼 것이 있습니까?
❹ **Do you have anything** more to say? 　　뭔가 할 말이 더 있습니까?
❺ **Do you have anything** good for headaches? 두통에 잘 듣는 약 좀 있어요?

Dialogue

A : 뭐 신고하실 것이 있습니까?
B : No, I don't.
A : What's the purpose of your visit?
B : I'm here on business.

A : **Do you have anything to declare?**
B : 아니오, 없습니다.
A : 방문 목적은 무엇입니까?
B : 사업차 왔습니다.

Exercises

1. Do you have anything _____ _____? 　　뭐 마실 것 좀 있어요?
2. Do you have anything for _____ _____ _____? 　　지독한 감기에 좋은 약 좀 있어요?
3. Do you have anything _____ _____ _____? 　　뭔가 특별히 마음에 둔 것이 있나요?

> **Point Tip!**
> ● **anything else**는 '어떠한 것' '무엇이라도'의 뜻을 가진 **anything**과 '그밖에 더'의 뜻을 가진 **else**가 합쳐져 '그밖에 다른 것'이란 의미를 나타낸다. 주로 음식점 등에서 주문을 할 때 **Would you like anything else?**(그밖에 더 필요한 건 없으십니까?)라는 말을 들을 수 있다.

정답. 1. to drink 2. a bad cold 3. particular in mind

pattern 072 Do I have to ~?

내가 ~ 해야 되나요?

Useful Expressions

❶ **Do I have to** transfer?   갈아타야 합니까?
❷ **Do I have to** reconfirm?   재확인을 해야 하나요?
❸ **Do I have to** make a reservation?   예약을 해야 합니까?
❹ **Do I have to** spell it out for you?   제가 더 얘기해야 하나요?
❺ **Do I have to** stay in the hospital?   제가 입원해야 하나요?

Dialogue

A : 정장을 해야 합니까?
B : Wear whatever's comfortable.
A : What time should I get there?
B : The party starts at seven.

A : **Do I have to be formally dressed?**
B : 무엇이든 편안한 옷으로 입으세요.
A : 몇 시까지 가면 될까요?
B : 파티는 7시에 시작이에요.

Exercises

1. Do I have to _____ _____?   제가 그것을 다시 타이핑해야 합니까?
2. Do I have to _____ _____?   지금 지불해야 하나요?
3. Do I have to make the _____ _____?   지금 시간약속을 해야 합니까?

Point Tip!

● **spell out**은 '한 글자 한 글자 읽어가다' '생략하지 않고 쓰다' '자세히 설명하다' 등의 의미가 있다. 참고로 **be hospitalized, enter the hospital, go to the hospital**은 '입원하다'의 의미이다. 단순히 의사에게 진찰을 받기 위해 병원에 가는 것은 '**see a doctor**'라고 한다.

정답. 1. retype it 2. pay now 3. appointments now

Unit 18. Can I...?

can은 '할 수 있다'는 동사로 Can I...?를 그대로 해석하면 '내가 ~할 수 있을까요?'의 의미지만 실생활에서는 'Can I+동사원형...?'의 형태로 '~해도 될까요?' '~해 드릴까요?'와 같이 상대방의 허락을 구하거나 제안을 할 때 쓸 수 있는 표현이다. 보다 정중한 표현을 쓰고 싶을 때는 May I...?를 사용하면 된다.

◎ Basic Expressions

① Can I help you? 도와드릴까요?
② Can I talk to you? 얘기 좀 해도 될까요?
③ Can I try that on? 입어 봐도 될까요?
④ Can I park here? 여기에 주차해도 될까요?
⑤ Can I take a message? 메시지를 받아 드릴까요?
⑥ Can I ask you something? 뭐 좀 물어도 될까요?

Can I help you ~?

~하는 것을 도와드릴까요?

Useful Expressions

1. **Can I help you** cook? — 요리하는 것을 도와드릴까요?
2. **Can I help you** with anything? — 뭐 도와드릴 거 없습니까?
3. **Can I help you** wash the dishes? — 설거지를 도와드릴까요?
4. **Can I help you** close the door? — 문 닫는 거 도와드릴까요?
5. **Can I help you** with your English? — 당신의 영어를 도와드릴까요?

Dialogue

A : 도와드릴까요?
B : I can't find the down escalator.
A : Turn right here, please.
B : Thanks.

A : Can I help you?
B : 내려가는 엘리베이터를 찾을 수가 없네요.
A : 오른쪽으로 돌아가세요.
B : 고마워요.

Exercises

1. Can I help you _____ the room? — 방 청소하는 거 도와드릴까요?
2. Can I help you with _____ _____? — 숙제하는 거 도와드릴까요?
3. Can I help you _____ _____ _____? — 문 여는 거 도와드릴까요?

Point Tip!

● **Can I help you?**는 '어서오세요' '도와드릴까요?' 의 의미로 공공기관이나 백화점, 식당 등에서 손님을 맞이할 때 사용하는 표현이다. **May I help you?**와 같은 뜻이며, 이와 유사한 표현으로 **What can I do for you? How can I help you?** 등이 있다.

정답. 1. clean 2. your homework 3. open the door.

Can I get you ~?

~를 갖다 드릴까요?

Useful Expressions

❶ **Can I get you** a drink? — 뭐 좀 마실래요?
❷ **Can I get you** something? — 뭔가 갖다 드릴까요?
❸ **Can I get you** a blanket? — 담요를 가져다 드릴까요?
❹ **Can I get you** some cake? — 케이크 좀 가져다 드릴까요?
❺ **Can I get you** another plate? — 접시 하나 더 가져다 드릴까요?

Dialogue

A : 뭐 마실 것 갖다 줄까?
B : What do you have?
A : Coffee and orange juice.
B : Coffee, please.

A : Can I get you something to drink?
B : 뭐가 있는데?
A : 커피랑 오렌지주스.
B : 커피로 부탁해.

Exercises

1. Can I get you some _____? — 물 좀 가져다 드릴까요?
2. Can I get you a _____ _____? — 안내책자를 가져다 드릴까요?
3. Can I get you a _____ _____? — 한국 신문을 가져다 드릴까요?

Point Tip!

● 흔히 '접시'라는 단어를 **dish**로 많이 알고 있지만 미국에서는 **dish**보다 **plate**라는 단어를 더 많이 사용한다. 엄밀하게 따지면 납작한 접시는 **plate**라 하고, 움푹하게 들어간 접시는 **dish**라고 한다. **dish**는 '요리'라는 뜻으로도 많이 쓰인다.

정답. 1. water 2. guide book 3. Korean newspaper

Can I have ~?

~좀 해주실래요? / ~좀 갖다 주실래요?

Useful Expressions

① **Can I have** a cup? — 컵 좀 주실래요?
② **Can I have** a refund? — 환불할 수 있을까요?
③ **Can I have** this delivered? — 배달 좀 해주실래요?
④ **Can I have** a little talk with you? — 잠깐 말씀 나눌 수 있을까요?
⑤ **Can I have** a rain check on that? — 다음으로 미룰 수 있을까요?

Dialogue

A : Can I get you something?
B : 읽을 것 좀 주시겠습니까?
A : Sure. Do you need anything else?
B : No, that'll be all.

A : 뭐 좀 갖다 드릴까요?
B : Can I have something to read?
A : 알겠습니다. 다른 것은 필요 없습니까?
B : 아니오, 그거면 됐습니다.

Exercises

1. Can I have a _____? — 잡지를 갖다 주실래요?
2. Can I have _____ _____? — 한 잔 더 주시겠어요?
3. Can I have _____ _____? — 약 좀 갖다 주실래요?

Point Tip!

● **rain check**은 우천교환권이라는 의미로 원래는 1880년대 프로야구 경기 때에 비가 너무 많이 와서 연기된 경우 다음 회에 한해서 무료로 입장할 수 있도록 한 것에서 유래되었으나 지금은 '후일의 약속'이라는 관용적 의미로 바뀌었다.

정답. 1. magazine 2. another one 3. some medicine

Can I borrow ~?

~ 좀 빌려 주실래요?

Useful Expressions

❶ **Can I borrow** your pen? — 펜 좀 빌려 주실래요?
❷ **Can I borrow** this book? — 이 책 좀 빌려 주실래요?
❸ **Can I borrow** your cell phone? — 핸드폰 좀 빌려 주실래요?
❹ **Can I borrow** your toothpaste? — 치약 좀 빌려 주실래요?
❺ **Can I borrow** your salt and pepper? — 소금과 후추 좀 빌릴 수 있을까요?

Dialogue

A : 돈 좀 빌려 줄래?
B : How much do you need?
A : Twenty dollars.
B : It's right here. Give it back later.

A : Can I borrow some money?
B : 얼마나 필요한데?
A : 20달러.
B : 여기 있어. 나중에 갚아줘.

Exercises

1. Can I borrow your _____? — 카메라 좀 빌려 주실래요?
2. Can I borrow a _____ _____? — 드라이어 좀 빌릴 수 있을까요?
3. Can I borrow _____ _____? — 담배 한 대 빌릴 수 있을까요?

Point Tip!

● **borrow**는 '빌리다'의 의미이고, **lend**는 '빌려주다'의 의미이다. **Can I borrow your pen?**(내가 네 펜을 빌려도 될까?) **Can you lend me a pen?**(너 내게 펜 좀 빌려줄래?) 두 문장은 펜을 빌려달라는 의미는 같지만 주어에 따라 그 뜻이 달라질 수도 있으므로 헷갈리지 않도록 유의해야 한다.

정답: 1. camera 2. hair dryer 3. a cigarette

pattern 077 Can I use ~?

~ 좀 써도 될까요?

Useful Expressions

① **Can I use** your pen? — 펜 좀 써도 될까요?
② **Can I use** the rest room? — 화장실 좀 써도 될까요?
③ **Can I use** your computer? — 컴퓨터 좀 써도 될까요?
④ **Can I use** this baggage cart? — 이 짐수레를 써도 될까요?
⑤ **Can I use** your scissors? — 가위 좀 써도 될까요?

Dialogue

A : Do me a favor.
B : I will if I can.
A : 내가 먼저 복사기를 써도 될까?
B : Sure, go ahead.

A : 부탁 좀 들어줘.
B : 내가 할 수 있는 거라면.
A : Can I use this copy machine first?
B : 물론이지, 그렇게 해.

Exercises

1. Can I use your _____? — 지우개 좀 써도 될까요?
2. Can I use _____ _____? — 당신의 차를 써도 될까요?
3. Can I use a _____? — 플래시를 사용해도 됩니까?

Point Tip!

● 사용해도 되는지 허락을 구하는 표현으로 **Can I use...?** 대신 **May I use...?**를 써도 된다. **may**가 좀 더 공손한 느낌이기는 하지만, 거의 비슷한 의미이다. **may**보다 **can**이 더 일상적으로 자주 쓰는 표현이며, **can**보다 정중한 표현은 **could**이다.

정답: 1. eraser 2. your car 3. flash

Unit 19. Can you...?

'Can you+동사원형...?' 의 형태로 상대방에게 뭔가 부탁하거나 요청할 때 쓸 수 있는 표현이다. 보다 정중하게 표현하려면 please를 붙여주거나 can의 과거형인 could를 사용하여 'Could you+동사원형...?' 의 형태로 써주면 된다. 이때의 could는 격식을 차리는 표현일 뿐 과거가 아니라 현재로 해석된다.

◎ **Basic Expressions**

❶ Can you wait? 　　　　　　　　기다려 줄래?
❷ Can you help me? 　　　　　　 나 좀 도와줄래?
❸ Can you join us? 　　　　　　　우리와 함께 할래?
❹ Can you do it for me? 　　　　　날 위해 이것 좀 해줄래?
❺ Can you come to my house? 　 우리 집에 올래?
❻ Can you show me the way? 　 　길 좀 알려줄래?

Can you give me ~?

~을 해줄래요?

Useful Expressions

❶ **Can you give me** a hand? — 도와 주시겠어요?
❷ **Can you give me** your e-mail? — 이메일 주소 가르쳐 줄래요?
❸ **Can you give me** some advice? — 내게 충고 좀 해주실래요?
❹ **Can you give me** a shopping cart? — 쇼핑 손수레 하나 주실래요?
❺ **Can you give me** a map of the subway? — 지하철안내도 한 장 주실래요?

Dialogue

A : How much will it be altogether?
B : It's 500 dollars.
A : It's too expensive. 할인 좀 해 주세요.
B : I'll give you a 5% discount.

A : 모두 얼마입니까?
B : 500달러입니다.
A : 너무 비싸요. **Can you give me a discount?**
B : 5% 할인해 드리겠습니다.

Exercises

1. Can you give me a _____? — 영수증을 주실래요?
2. Can you give me your _____ _____? — 전화번호 좀 가르쳐 줄래요?
3. Can you give me _____ _____ _____? — 한 번만 더 기회를 주실래요?

Point Tip!

● **Can you give me a hand?**는 '내게 당신의 손을 줄 수 있어요?' 라고 해석하면 곤란하다. 여기서 **hand**는 단순히 '손'이 아니라 '도움의 손길'을 의미한다. 참고로 **give me**라는 표현은 격의 없이 지내는 사이에서는 괜찮지만 공손하게 말해야 할 때는 문장 앞이나 뒤에 **please**를 붙여주는 것이 좋다.

정답: 1. receipt 2. phone number 3. one more chance

pattern 079 Can you tell me ~?

~을 알려 주시겠어요?

Useful Expressions

❶ **Can you tell me** why? 이유를 알려 주시겠어요?
❷ **Can you tell me** the truth? 진실을 알려 주시겠어요?
❸ **Can you tell me** your secret? 당신의 비밀을 알려 주시겠어요?
❹ **Can you tell me** what your name is? 성함을 알려 주시겠어요?
❺ **Can you tell me** how to fix my car? 제 차를 고치는 방법을 알려 주시겠어요?

Dialogue

A : What do you think of my new lipstick?
B : It's a great color. 이게 무슨 색인지 알려 줄래?
A : Rose pink. Do you think this color looks good on me?
B : It's a perfect fit.

A : 새로운 내 립스틱 어때?
B : 색깔 아주 예쁘다. **Can you tell me what color this is?**
A : 로즈 핑크야. 이 색이 나한테 잘 어울려?
B : 정말 잘 어울려.

Exercises

1. Can you tell me who _____ _____? 그가 누구인지 알려 주시겠어요?
2. Can you tell me what _____ _____? 그가 뭘 했는지 알려 주시겠어요?
3. Can you tell me about _____ _____? 당신의 회사에 대해 말씀해 주시겠어요?

Point Tip!

● 상대방이 알고 있는 정보에 대해 알려달라고 부탁할 때 쓰는 표현이다. 직역해서 '~을 말해줄 수 있어요?' 라고 해도 되지만 '~을 알려 주시겠어요?' 라고 해석하는 것이 자연스럽다. 참고로 Can you tell me 뒤에 의문사가 오는 간접의문문은 'Can you tell me + 의문사 + 주어 + 동사' 형태로 써야 한다.

정답. 1. he is 2. he did 3. your company

Can you show me how to ~?

~하는 방법 좀 알려줄래요?

Useful Expressions

① **Can you show me how to** do that?   그거 하는 방법 좀 알려줄래요?
② **Can you show me how to** get there?   그곳에 가는 방법을 알려줄래요?
③ **Can you show me how to** check out some books?   책 빌리는 방법을 알려줄래요?
④ **Can you show me how to** log on to the Internet?   인터넷에 접속하는 방법을 알려줄래요?
⑤ **Can you show me how to** operate this machine?   이 기계 조작법을 좀 알려줄래요?

Dialogue

A : Where can I buy a ticket?
B : You can get one from the ticket machine.
A : 자동 매표기 사용법을 알려주시겠어요?
B : Put the money in and press this button.

A : 표는 어디에서 살 수 있지요?
B : 자동 매표기로 살 수 있습니다.
A : **Can you show me how to use the ticket machine?**
B : 먼저 돈을 넣고, 이 금액의 버튼을 누르세요.

Exercises

1. Can you show me ____ ____ get the ticket?   표 사는 방법을 알려줄래요?
2. Can you show me how ____ ____ this seat belt?   이 안전벨트 매는 법 좀 알려줄래요?
3. Can you show me how to fill in ____ ____ ?   이 양식 작성하는 방법 좀 알려줄래요?

Point Tip!

● 'Can you show me how to+동사' 형태로 상대방에게 구체적인 방법을 가르쳐 달라고 부탁하는 표현이다. 'Please let me know how to+동사' 문형과 같은 의미의 표현이다. 참고로 check in과 check out은 호텔 등에서 숙박할 때뿐만 아니라, 들어가고 나오는 의미로 도서 대출이나 물건 구입 후 계산할 때에도 check out이란 용어를 사용한다.

정답. 1. how to 2. to fasten 3. this form

Can you lend ~?

~좀 빌려 주실래요?

Useful Expressions

❶ **Can you lend** me a pen? 펜 좀 빌려 주실래요?
❷ **Can you lend** me this book? 이 책 좀 빌려 주실래요?
❸ **Can you lend** me some money? 돈 좀 빌려 주실래요?
❹ **Can you lend** me your bicycle? 자전거 좀 빌려 주실래요?
❺ **Can you lend** me your umbrella? 우산 좀 빌려 주실래요?

Dialogue

A : Can you tell me about this song?
B : Sure, it's a Korean folk song.
A : 이 CD 좀 빌려 줄래?
B : I'm sorry I can't. It's my favorite.

A : 이 노래에 대해서 알려줄래?
B : 물론이지, 이건 한국 민속 음악이야.
A : **Can you lend me this CD?**
B : 미안하지만 안 되겠는데. 내가 아끼는 거라서.

Exercises

1. Can you lend me your _____? 사전 좀 빌려 주실래요?
2. Can you lend me _____ _____? 10달러만 좀 빌려 주실래요?
3. Can you lend me _____ _____ for my trip? 나 여행 가는데 돈 좀 빌려줄래?

Point Tip!
● favorite은 '가장 좋아하는' 혹은 '가장 좋아하는 것'이란 뜻을 가진 단어이다. favorite 자체가 의미상 '좋아하다'의 최상급 형태이기 때문에 favorite의 앞에는 비교급이나 최상급을 사용하지 않는다. 이러한 단어의 또 다른 예로 perfect가 있다.

정답. 1. dictionary 2. ten dollars 3. some money

Unit 20. Shall+주어...?

'Shall+주어+동사원형...?' 의 형태로 1인칭 의지미래이다. 적극적인 의지를 담고 있는 의지미래 중 말하는 사람의 의지는 주로 will로 표현하고 듣는 사람의 의지는 주로 shall로 표현한다. Shall we...?(우리 ~할까요?)는 Let's...와 같은 표현이므로 대답도 Yes, let's(네, 합시다) 혹은 No, let's not(아뇨, 하지 맙시다)로 하면 된다. Shall I...?(~해드릴까요?)에 대한 대답은 Sure(좋아요) 혹은 No, that's okay(아뇨, 괜찮아요) 등으로 대답하면 된다.

◎ Basic Expressions

1. Shall we? — 이제 할까요?
2. Shall we dance? — 우리 춤출까요?
3. Shall we eat something? — 뭐 좀 먹을까요?
4. Shall we begin to study? — 공부 시작할까요?
5. Shall I give you a hand? — 제가 도와드릴까요?
6. Shall I close the door? — 문을 닫을까요?

pattern 082 Shall we ~?

우리 ~할까요?

Useful Expressions

❶ **Shall we** take a break? — 쉬었다가 할까요?
❷ **Shall we** go for a drive? — 우리 드라이브 갈까요?
❸ **Shall we** go to the movies? — 우리 영화 보러 갈래요?
❹ **Shall we** get together this Sunday? — 이번 일요일에 모일까요?
❺ **Shall we** sit down somewhere and talk? — 우리 어디 앉아서 이야기 나눌까요?

Dialogue

A : I'm pleased to have a chance to talk with you.
B : The pleasure is mine.
A : Well, 이제 사업 얘기를 시작해 볼까요?
B : Yes, let's.

A : 당신과 상담할 기회를 갖게 되어 기쁩니다.
B : 오히려 제가 기쁩니다.
A : 자, **shall we get down to business?**
B : 네, 그럽시다.

Exercises

1. Shall we go _____ _____ _____ ? — 우리 산책하러 갈까요?
2. Shall we go to _____ _____ ? — 우리 다른 데로 갈까요?
3. Shall we _____ _____ tomorrow? — 우리 내일 만날까요?

Point Tip!

● **Shall we...?**는 적극적인 제안을 담고 있는 표현이다. 하지만 보다 정중하게 말하고 싶을 때는 **Would you...?**로 표현하는 것이 좋다.
참고로 **get down to**는 '본격적으로 덤비다', '본론에 들어가다', '시작하다' 등의 의미를 담고 있다.

정답. 1. for a walk 2. another place 3. get together

Shall I ~?

제가 ~ 할까요?

Useful Expressions

❶ **Shall I** make a toast? 건배할까요?
❷ **Shall I** wrap it up ? 포장해 드릴까요?
❸ **Shall I** cut the meat for you? 고기를 썰어 드릴까요?
❹ **Shall I** show you around? 제가 안내를 해 드릴까요?
❺ **Shall I** book a table at the restaurant? 레스토랑에 좌석을 예약해 둘까요?

Dialogue

A : Doctor White's office. How may I help you?
B : May I speak to Dr. White, please?
A : He's on another phone right now. 메시지를 전해드릴까요?
B : No, thanks. I'll call again.

A : 화이트 선생님 사무실입니다. 무엇을 도와드릴까요?
B : 화이트 선생님과 통화할 수 있을까요?
A : 지금 다른 전화를 받고 계신데요. **Shall I take a message?**
B : 아뇨, 감사합니다. 다시 전화 걸겠습니다.

Exercises

1. Shall I _____ your way? 내가 당신 쪽으로 갈까요?
2. Shall I _____ _____ ? 제가 뭘 좀 가져갈까요?
3. Shall I tell him ____ ____ ____ back? 당신에게 전화를 걸라고 그에게 말할까요?

Point Tip!

● 'make a toast'는 '건배하다'라는 뜻이다. 여기서 **toast**는 우리가 흔히 알고 있는 '구운 빵'이나 '굽다'의 뜻이 아니라 '건배, 축배'의 의미로 쓰였다. 따라서 '**Shall I make a toast?**'는 '건배할까요?'가 되고, '**Let's make a toast!**'는 '건배합시다!' 또는 '위하여!'라는 뜻이 된다.

정답: 1. come 2. bring something 3. to call you

Unit 21. Would you...?

상대방에게 어떠한 부탁이나 제안을 할 경우, 정중하고 교양 있게 표현하고 싶을 때는 Would you...?를 사용하여 'Would you+동사원형...?' 의 형태로 표현하면 된다. 여기에 please를 붙이면 더욱 공손한 표현이 되고, Would you...? 대신 Could you...?를 사용해도 상관없다.

◎ Basic Expressions

❶ Would you do me a favor?　　부탁하나 들어주시겠어요?
❷ Would you sign here?　　여기에 사인해 주시겠어요?
❸ Would you hold on a moment?　　끊지 말고 잠깐 기다려 주시겠어요?
❹ Would you please help me?　　좀 도와주시겠어요?
❺ Would you like some tea?　　차 한 잔 드실래요?
❻ Would you like some more?　　좀 더 드시겠어요?

pattern 084: Would you please ~?

~해 주시겠어요?

Useful Expressions

❶ **Would you please** call a taxi? 택시를 불러 주시겠어요?
❷ **Would you please** finish soon? 전화 좀 빨리 써 주시겠어요?
❸ **Would you please** keep this for me? 이것을 보관해 주시겠어요?
❹ **Would you please** help me carry this? 이것 옮기는 것을 도와 주시겠어요?
❺ **Would you please** give me a call? 내게 전화를 걸어 주시겠어요?

Dialogue

A : 좀더 천천히 말씀해 주시겠어요?
B : I asked if she was a relative of yours.
A : No, she's not. You've got it wrong.
B : Sorry, I think I blew it.

A : Would you please speak more slowly?
B : 저 여자가 당신 친척이냐고 물었습니다.
A : 아닙니다. 당신이 잘못 알았군요.
B : 미안해요, 제가 실수한 거 같네요.

Exercises

1. Would you please _____ _____ _____ _____? 소금 좀 건네주시겠어요?
2. Would you please get me _____ _____? 담요를 갖다 주시겠어요?
3. Would you please call _____ _____? 구급차를 불러 주시겠어요?

Point Tip!

● '실수했다'는 표현으로 흔히 **I made a mistake**를 쓰는 사람들이 많은데, 말 그대로 실수를 만든 게 아니기 때문에 이는 잘못된 표현이다. 미국인들은 **I blew it.**이나 **I goofed.** 혹은 **I slipped up.**과 같은 표현을 많이 쓴다.

정답: 1. pass me the salt 2. a blanket 3. an ambulance

pattern 085 Would you mind ~?

~해도 될까요? / ~해도 되겠습니까?

Useful Expressions

❶ **Would you mind** doing me a favor? 부탁 좀 드리면 안 될까요?
❷ **Would you mind** backing up? 차 좀 뒤로 빼 주시면 안 될까요?
❸ **Would you mind** giving me a call? 제게 전화 좀 해주시면 안 될까요?
❹ **Would you mind** using simpler words? 좀 더 쉬운 말을 써 주시면 안 될까요?
❺ **Would you mind** taking a picture with me? 저와 사진 한 장 같이 찍어주시면 안 될까요?

Dialogue

A : Excuse me. 저희 사진 좀 찍어주시면 안 될까요?
B : Sorry, I'm afraid I don't take very good pictures.
A : Don't worry, just press the shutter.
B : Okay, I'll try.

A : 실례합니다. **Would you mind taking our picture?**
B : 미안하지만, 저는 사진을 잘 못 찍는데요.
A : 괜찮습니다, 셔터만 눌러 주세요.
B : 좋습니다. 한번 해 보지요.

Exercises

1. Would you mind _____ _____ ? — 옆으로 좀 가 주시면 안 될까요?
2. Would you mind _____ _____ with me? — 저와 자리를 바꿔 주시면 안 될까요?
3. Would you mind checking the _____ _____ ? — 계산을 다시 좀 해주시면 안 될까요?

Point Tip!

● 상대방의 양해를 구하는 표현으로 **Would you mind +-ing...?** 형태를 사용한 문장이다. '~해도 괜찮아요?' 혹은 '~하면 안 될까요?' 정도로 해석하면 된다. 여기서 **mind**는 '꺼리다' '싫어하다'의 의미이다.

정답. 1. moving over 2. trading seats 3. bill again

pattern 086 Would you mind if I ~?

~해도 될까요? / ~해도 되겠습니까?

Useful Expressions

① **Would you mind if I didn't go?** 내가 안 가면 안 될까요?
② **Would you mind if I watched TV?** TV를 좀 보면 안 될까요?
③ **Would you mind if I borrowed your car?** 제가 차를 좀 빌리면 안 될까요?
④ **Would you mind if I asked you a favor?** 부탁 하나 하면 안 될까요?
⑤ **Would you mind if I got a drink of water?** 물 한 잔 마시면 안 될까요?

Dialogue

A : Excuse me.
B : What can I do for you?
A : 담배 좀 피우면 안 될까요?
B : Sorry, but this is a non-smoking building.

A : 실례합니다.
B : 무슨 일이세요?
A : Would you mind if I smoked?
B : 미안하지만, 여기는 금연빌딩입니다.

Exercises

1. Would you mind if I _____ _____? 제가 앉으면 안 될까요?
2. Would you mind if I _____ _____? 제가 지금 떠나면 안 될까요?
3. Would you mind if I _____ _____ _____? 창문을 열면 안 될까요?

Point Tip!

● Would you mind...?를 말 그대로 직역하면 '제가 ~을 하면 당신이 꺼리겠습니까?'이므로 대답은 부정의문문처럼 해야 한다. 따라서 문법적으로 Would you mind...?에 대한 긍정의 대답은 **No, not at all, Certainly not** 등으로 해야 하지만 구어체에서는 '**Sure**'를 많이 쓴다.

정답: 1. sit down 2. leave now 3. open the window

pattern 087 Would you like to ~?

~하시겠어요?

Useful Expressions

① **Would you like to** sit down? 앉으시겠습니까?
② **Would you like to** try some? 이것 좀 드시겠어요?
③ **Would you like to** join us? 우리와 함께 가시겠어요?
④ **Would you like to** go to a concert? 음악회에 가시겠어요?
⑤ **Would you like to** share this umbrella? 우산 같이 쓰시겠어요?

Dialogue

A : Edison Electronics. How may I help you?
B : Can I talk to Susan Smith?
A : She just stepped out. 메시지를 남기시겠습니까?
B : No, thanks. I'll call again.

A : 에디슨 전자입니다. 무엇을 도와드릴까요?
B : 수잔 스미스와 통화할 수 있을까요?
A : 방금 나가셨는데요. **Would you like to leave a message?**
B : 아뇨, 됐습니다. 제가 다시 걸겠습니다.

Exercises

1. Would you like _____ _____? 기다리시겠습니까?
2. Would you like to come _____ _____? 저와 함께 가시겠어요?
3. Would you like to go _____ _____ _____? 한잔 하러 가시겠어요?

Point Tip!

● 권유나 제안을 하면서 정중하게 상대방의 의향을 물어볼 때에는 'Would you like...?'를 쓴다. 'Would you like+명사...?' 혹은 'Would you like+to부정사...?'의 형태로 쓸 수 있다.

정답. 1. to wait 2. with me 3. for a drink

Would you like me to ~? 제가 ~할까요?

Useful Expressions

❶ **Would you like me to** explain? 제가 설명해 드릴까요?
❷ **Would you like me to** make it for you? 제가 대신 해드릴까요?
❸ **Would you like me to** give you a call? 제가 당신에게 전화 드릴까요?
❹ **Would you like me to** send you a brochure? 제가 팸플릿을 보내드릴까요?
❺ **Would you like me to** replace it with a cold one? 제가 시원한 것으로 바꿔드릴까요?

Dialogue

A : 식사를 테이블 위에다 놓아드릴까요?
B : I would appreciate it.
A : Enjoy your meal.
B : Thank you. Everything looks so good.

A : Would you like me to put dinner on the table?
B : 그래 주시면 고맙겠습니다.
A : 맛있게 드십시오.
B : 고맙습니다. 다 맛있어 보이네요.

Exercises

1. Would you like me to ___ ___ ___? 제가 택시를 불러드릴까요?
2. Would you like me to keep ___ ___? 제가 가시는 데까지 동행해 드릴까요?
3. Would you like me to ___ ___ ___ for you? 제가 대신 예약해 드릴까요?

Point Tip!

● 앞에 나온 'Would you like to + 동사원형...?' 은 상대방에게 '~하고 싶습니까?' 라고 묻는 표현이고, 여기 나온 'Would you like me to + 동사원형...?' 은 '당신은 내가 ~하기를 바라십니까?' 라는 뜻이므로 비슷한 형태의 두 문형을 헷갈리지 않도록 주의하자. 참고로 enjoy your meal은 '맛있게 드세요', help yourself는 '마음껏 드세요' '많이 드세요' 라는 표현이다.

정답. 1. call a taxi 2. your company 3. make a reservation

pattern 089

What would you like to ~?

무엇으로 ~하시겠어요?

Useful Expressions

❶ **What would you like to try?** — 무엇을 해보고 싶습니까?
❷ **What would you like to drink?** — 무엇을 마시고 싶으세요?
❸ **What would you like to be called?** — 제가 어떻게 불러야 돼나요?
❹ **What would you like to talk to me about?** — 무슨 용건이시죠?
❺ **What would you like to have for a main dish?** — 주요리는 무엇으로 하시겠습니까?

Dialogue

A : 무엇을 드시겠습니까?
B : I'd like to eat steak, please.
A : How do you want the steak?
B : Medium, please.

A : **What would you like to eat?**
B : 스테이크를 부탁합니다.
A : 스테이크는 어떻게 구워 드릴까요?
B : 중간정도로 익혀주세요.

Exercises

1. What would you like to _____? — 무엇을 주문하시겠어요?
2. What would you like to _____ _____? — 오늘밤 무엇을 하고 싶으세요?
3. What would you like to ____ ____ ____? — 점심식사로 뭘 드시겠어요?

Point Tip!

● 상대방이 구체적으로 무엇을 원하는지 물어볼 때는 **Would you like to...?** 앞에 의문사 **what**을 붙여주면 된다. 대답은 **I'd like to...**로 한다. 참고로 스테이크의 익힌 정도를 말할 때 **rare**는 덜 익힌 것, **medium**은 중간 정도, **well done**은 완전히 익힌 것을 말한다.

정답. 1. order 2. do tonight 3. have for lunch

pattern 090 When would you like to ~?

언제 ~하시겠어요?

Useful Expressions

❶ **When would you like to go?**   언제 가시겠어요?
❷ **When would you like to leave?**   언제 떠나시겠어요?
❸ **When would you like to change?**   언제 바꾸시겠어요?
❹ **When would you like to have dinner?**   저녁은 언제 드시겠어요?
❺ **When would you like to schedule it for?**   스케줄을 언제로 잡으시겠어요?

Dialogue

A : I'd like to make the reservation for Seoul.
B : 언제 출발하기를 원하세요?
A : The sooner, the better.
B : Just a moment, please.

A : 서울행 비행기를 예약하고 싶습니다.
B : When would you like to depart?
A : 빠를수록 좋습니다.
B : 잠시만 기다려 주십시오.

Exercises

1. When would you like to _____?   언제 돌아오시겠어요?
2. When would you like to ___ ___ ___?   음식은 언제 주문하시겠어요?
3. When would you like to ___ ___ ___ for?   언제로 예약하시겠어요?

Point Tip!

● make a reservation (for) = book = reserve 모두 '예약하다'의 의미이다. the sooner, the better는 빠르면 빠를수록 좋다는 구문이다. 이와 같은 의미로 'as soon as possible'이란 표현을 쓰기도 한다. 또한 이것은 줄여서 'ASAP'라고도 한다.

정답: 1. return 2. order your food 3. make the reservation

Where would you like to ~?

어디에 ~하시겠어요?

Useful Expressions

❶ **Where would you like to** go?   어디로 가시겠어요?
❷ **Where would you like to** sit?   어디에 앉으시겠어요?
❸ **Where would you like to** sightsee?   어디를 관광하고 싶으세요?
❹ **Where would you like to** go on a picnic?   소풍은 어디로 가고 싶어요?
❺ **Where would you like to** go for vacation?   휴가는 어디로 가고 싶어요?

Dialogue

A : 저녁은 어디에서 드시겠어요?
B : I'd like to have dinner at an Italian restaurant.
A : Do you know of any good restaurants?
B : Yes, I know a place that has excellent food.

A : Where would you like to have dinner?
B : 저는 이탈리아 음식점에서 저녁을 먹고 싶어요.
A : 잘하는 식당을 알고 있나요?
B : 네, 음식 맛이 기가 막힌 곳을 알아요.

Exercises

1. Where would you like to _____?   어디로 전화하시겠어요?
2. Where would you like to _____?   어디에서 만나시겠어요?
3. Where would you like to _____ _____ _____?   이번 여름에 어디에 가고 싶어요?

Point Tip!

● **go on a picnic**은 '소풍가다'의 뜻이다. 주로 친구들이나 가족들과 함께 소풍가는 것을 **picnic**이라 하고, 가벼운 등산이나 도보여행은 **hiking**, 학교에서 단체로 하는 여행은 **excursion**, 혹은 **a school excursion**이라 한다.

정답: 1. call 2. meet 3. go this summer

pattern 092 How would you like ~?

~은 어떻게 하시겠어요?

Useful Expressions

❶ **How would you like** your toast?   토스트를 어떻게 구워 드릴까요?
❷ **How would you like** your steak?   스테이크를 어떻게 구워 드릴까요?
❸ **How would you like** your money?   돈은 어떻게 해서 드릴까요?
❹ **How would you like** your hair parted?   가르마를 어떻게 해드릴까요?
❺ **How would you like** to pay for this ticket?   이 표 계산은 어떻게 하시겠어요?

Dialogue

A : I'd like a hair cut.
B : 어떻게 깎아 드릴까요?
A : Please trim it but don't cut it too short.
B : All right.

A : 머리를 깎고 싶습니다.
B : **How would you like it cut?**
A : 다듬어 주시는데 너무 짧게 자르지는 마세요.
B : 알겠습니다.

Exercises

1. How would you like your _____?   커피를 어떻게 타서 드릴까요?
2. How would you like _____ _____?   계란을 어떻게 익혀 드릴까요?
3. How would you _____ _____ _____?   아침식사는 어떻게 해드릴까요?

Point Tip!

● 음식의 조리정도나 지불 방법, 헤어스타일 등 선택의 여지가 있는 상황에서 상대가 원하는 바를 구체적으로 묻는 표현이다. 참고로 커피의 경우 **with sugar and cream**이나 **black**을 선택하면 되고, 토스트의 경우는 **dark** 혹은 **light**, 계란의 경우 **fried**(프라이)나 **scrambled**(스크램블)을 선택하거나 **over hard**(완숙), **over easy**(반숙)을 선택하면 된다.

정답: 1. coffee 2. your eggs 3. like your breakfast

Unit 22. What...?

What은 '무엇'을 물어볼 때 쓰는 표현으로 신분, 취향, 상황, 혹은 생각이나 행동의 원인 등을 물어볼 때에 쓸 수 있는 의문사이다. 의문사를 이용하는 의문문은 '의문사+be동사(조동사)+주어...?' 또는 '의문사+be동사(조동사)+목적어(보어)'의 형태이다. 참고로 What is는 What's로 줄여 쓸 수 있다.

◎ Basic Expressions

① What's the matter?　　　　　　　무슨 일이에요?
② What can I do for you?　　　　　무엇을 도와드릴까요?
③ What do you do?　　　　　　　　당신은 직업이 무엇입니까?
④ What do you mean by that?　　　그게 무슨 뜻입니까?
⑤ What are you looking for?　　　　무엇을 찾으세요?
⑥ What's your favorite food?　　　　좋아하는 음식이 뭐예요?

What kind of ~?

~은 어떤 종류의 ~예요? / 어떤 종류의 ~을 ~하세요?

Useful Expressions

❶ **What kind of** dog is this? 이 개는 무슨 종(種)이에요?
❷ **What kind of** sport do you do? 어떤 운동을 하세요?
❸ **What kind of** music do you like? 어떤 음악을 좋아하세요?
❹ **What kind of** job do you want? 어떤 일을 하고 싶어요?
❺ **What kind of** wine do you have? 어떤 종류의 와인이 있어요?

Dialogue

A : What do you do for relaxation?
B : I enjoy reading books.
A : 어떤 종류의 책을 좋아하세요?
B : I like historical novels.

A : 여가를 어떻게 보내세요?
B : 저는 책 읽는 것을 즐겨요.
A : What kind of books do you like?
B : 저는 역사소설을 좋아해요.

Exercises

1. What kind of _____ is this? 이것은 어떤 종류의 요리지요?
2. What kind of job ___ ___ ___? 어떤 직업을 가지고 계세요?
3. What kind of movie ___ ___ ___? 어떤 영화를 좋아하세요?

Point Tip!

● 'What kind of+명사...?' 형태로 어떤 종류의 것인지 묻는 의문문이다. 비슷한 의미의 단어로 **sort**와 **type**을 들 수 있는데, **kind of, sort of, type of** 뒤에는 관사 없이 단수 명사가 온다는 점에 유의하자.

정답. 1. dish 2. do you have 3. do you like

What brings you ~? ~에 어쩐 일로 오셨어요?

Useful Expressions

❶ **What brings you** here?   여기 어쩐 일이에요?
❷ **What brings you** in today?   무슨 일로 오셨어요?
❸ **What brings you** to my office?   사무실에는 어쩐 일로 오셨어요?
❹ **What brings you** to the museum?   박물관에는 어쩐 일이세요?
❺ **What brings you** to Korea?   한국에는 어쩐 일이세요?

Dialogue

A : 여긴 어쩐 일이에요?
B : I thought I'd just drop in and visit.
A : How are you getting along these days?
B : So-so.

A : What brings you here?
B : 그냥 지나가는 길에 들렀어요.
A : 요즘 어떻게 지내요?
B : 특별한 일은 없어요.

Exercises

1. What brings you to _____ _____?   우리 집에 어쩐 일이세요?
2. What brings you to _____ _____?   무슨 일로 병원에 오셨어요?
3. What brings you to _____ _____ _____?   우체국에는 어쩐 일이세요?

Point Tip!

● **bring**은 '(사람을) 데려오다, 오게 하다'의 뜻이 있으므로 '무엇이 당신을 오게 했느냐?', 즉 '무슨 일로 왔어요?' 라고 해석된다. 생각지도 않은 사람과 우연히 마주쳤을 때 반갑고 놀라운 의미로 쓸 수 있는 표현이며, **Why did you come here?** 보다 세련된 표현이다.

정답. 1. my house 2. the hospital 3. the post office

pattern 095 What makes you ~?

왜 ~ 하나요? / 무엇이 당신을 ~게 만들었나요?

Useful Expressions

❶ **What makes you** say so? 왜 그런 말씀을 하세요?
❷ **What makes you** so happy? 뭐가 그리 행복하세요?
❸ **What makes you** so certain? 어떻게 그렇게 자신이 있으세요?
❹ **What makes you** so interested? 무엇이 당신을 그리 흥미 있게 만들었나요?
❺ **What makes you** so angry all the time? 왜 그렇게 줄곧 화가 나요?

Dialogue

A : I'm very sorry I'm late.
B : You're late again. 왜 그렇게 늦나요?
A : I'm not used to driving myself.
B : You're always full of excuses.

A : 늦어서 정말 죄송합니다.
B : 또 늦었군요. **What makes you so late?**
A : 직접 운전하는 것에 익숙하지 않아서요.
B : 언제나 변명거리가 많군요.

Exercises

1. What makes you _____ so? 왜 그렇게 생각해요?
2. What makes you so _____ _____? 무엇이 당신을 그리 두렵게 하나요?
3. What makes you _____ _____ _____? 왜 내가 안다고 생각하세요?

Point Tip!

● 'What makes you+동사원형...?' 의 형태로 '무엇이 당신을 ~하게 만들었죠?', '어째서 ~ 하세요?' 의 의미로 형태상으로는 '무엇' 을 의미하는 What으로 물어보고 있지만 실제로는 상대방의 생각이나 행동에 대한 '원인' 을 묻는 표현이다.

정답. 1. think 2. afraid 3. think I know

What happened to ~?

~에게 무슨 일이 생겼나요?

Useful Expressions

❶ **What happened to** you? 무슨 일 있어요?
❷ **What happened to** her? 그녀에게 무슨 일 있어요?
❸ **What happened to** your car? 당신 차는 어떻게 된 거예요?
❹ **What happened to** the dinner party? 저녁파티는 어떻게 된 거예요?
❺ **What happened to** your mother? 당신 어머니께 무슨 일 있어요?

Dialogue

A : 팔이 어떻게 된 거예요?
B : I burned it. Will it leave a scar?
A : Maybe.
B : It really hurts.

A : **What happened to your arm?**
B : 불에 데었어요. 흉터가 남을까요?
A : 그럴지도 모르죠.
B : 정말 아프군요.

Exercises

1. What happened to _____ _____? 아이들한테 무슨 일 있어요?
2. What happened to _____ _____? 당신 얼굴이 어떻게 된 거예요?
3. What happened to _____ _____? 우리가 주문한 건 어떻게 된 거죠?

> **Point Tip!**
> ● 상대방에게 무슨 일이 일어났는지 물어보는 표현으로 **What happened to** 뒤에는 사람이나 사물이 올 수 있다. 간단한 표현이지만 다양한 상황에서 아주 많이 쓰이는 표현 중 하나이다. **What's wrong? What's the problem?**과 비슷한 의미이다.

정답: 1. the children 2. your face 3. our order

pattern 097 What do you mean by ~?

~는 무슨 뜻입니까? / ~는 무슨 의도지요?

Useful Expressions

❶ **What do you mean** by that? 그건 무슨 뜻인가요?
❷ **What do you mean** by saying so? 그렇게 말하는 의도가 뭐죠?
❸ **What do you mean** you quit? 그만 둔다니 무슨 말이에요?
❹ **What do you mean** you're not so sure? 확실하지 않다니 무슨 말이에요?
❺ **What do you mean** you made a cookie? 네가 쿠키를 만들었다니 무슨 소리야?

Dialogue

A : 싱글 룸이 없다니 그게 무슨 말입니까?
B : I mean the only room available is a twin.
A : What's the rate for a twin room per night?
B : 100 dollars including tax.

A : What do you mean you don't have single rooms?
B : 트윈만 가능하다는 말씀입니다.
A : 트윈은 하루에 얼마입니까?
B : 세금 포함해서 100달러입니다.

Exercises

1. What do you mean you're _____? 당신이 바보 같다니 무슨 소리에요?
2. What do you mean you _____ _____ me? 나를 모른다니 무슨 말이에요?
3. What do you mean _____ _____ that question? 그 질문을 한 의도가 뭐죠?

Point Tip!

● 상대방이 한 말을 다시 확인하거나 그 의도를 파악하기 위해 쓸 수 있는 표현이다. 상대방이 한 말의 내용을 다시 언급하지 않고 What do you mean?이라고만 해도 되고 What do you mean 뒤에 'by -ing' 형이나 '주어+동사' 형태를 붙여 쓸 수도 있다. 이에 대한 대답은 'That means...', 'This means...', 'It means...' 로 가능하다.

정답. 1. stupid 2. don't know 3. by asking

What should I ~?

내가 무엇을 해야 하나요?

Useful Expressions

❶ **What should I** say?
내가 뭐라고 말해야 하나요?

❷ **What should I** give you?
내가 당신에게 무엇을 주어야 하나요?

❸ **What should I** see in this city?
이 도시에서는 무엇을 보아야 하나요?

❹ **What should I** do for my parents?
내가 부모님을 위해 무엇을 해야 하나요?

❺ **What should I** do in an accident?
사고가 나면 저는 어떻게 해야 하나요?

Dialogue

A : 당신을 어떻게 부를까요?
B : Just call me Jimmy.
A : Nice to meet you, Jimmy.
B : Nice to meet you, too. I've always wanted to meet you.

A : What should I call you?
B : 그냥 지미라고 부르세요.
A : 만나서 반가워요. 지미.
B : 저도 만나서 반가워요. 늘 만나 뵙고 싶었거든요.

Exercises

1. What should I _____ _____?
   내가 그녀에게 무엇을 주어야 하나요?
2. What should I do _____ _____?
   내가 당신을 위해 무엇을 해야 하나요?
3. What should I wear _____ _____ _____?
   파티에 갈 때 뭘 입고 가야 하나요?

Point Tip!

● should I 앞에 의문사 What을 붙여 '내가 무엇을 ~해야 하지?' 혹은 '내가 어떻게 ~해야 하지?'와 같은 문장을 만들 수 있다. 이외에도 should I 앞에 Why(왜), Where(어디), When(언제), How(어떻게) 등을 각각 붙여 다양한 표현을 만들 수 있다.

정답: 1. give her 2. for you 3. to the party

What about ~?

~는 어때요? / ~는 어떻게 되나요?

Useful Expressions

❶ **What about** you? — 당신은 어때요?(어떻게 되고 있어요?)
❷ **What about** insurance? — 보험은 어떻게 되나요?
❸ **What about** our plan? — 우리의 계획은 어떻게 되나요?
❹ **What about** taking a few days off? — 며칠 쉬는 건 어때요?
❺ **What about** meeting at 7 o'clock? — 7시 정각에 만나는 건 어때요?

Dialogue

A : Are you busy this weekend?
B : I don't have anything planned as of now. Why?
A : 일요일에 만나는 게 어때요?
B : Okay, I'll call you tomorrow.

A : 이번 주말에 바쁜가요?
B : 아직은 별일 없어요. 왜요?
A : What about meeting on Sunday?
B : 좋아요. 제가 내일 전화 드릴게요.

Exercises

1. What about _____ _____ ? — 당신 아버지는 어떻게 되는 거예요?
2. What about _____ ? — 휴가는 어떻게 됩니까?
3. What about _____ _____ the movies? — 영화 보러 가는 게 어때요?

Point Tip!

● '~은 어때'라는 의미로 쓰일 때 **what about**과 **how about**은 같은 의미로 통하지만 엄밀히 따져보면 약간의 차이가 있다. **what about**은 상대방의 견해를 묻거나 추가제안에 대한 상대방의 의견을 묻는 표현 (=what do you think about~)이고, **how about**은 의견을 묻는 것이 아니라 자신의 의견을 제안할 때 사용하는 표현이다. 하지만 제안하는 경우에는 구분하지 않고 쓰는 것이 보통이다.

정답: 1. your father 2. vacations 3. going to

pattern 100: What if ~?

만약 ~하면 어떻게 하지요?

Useful Expressions

❶ **What if** we should fail? — 만약 우리가 실패하면 어떻게 하죠?
❷ **What if** you're wrong? — 만약 당신이 틀렸으면 어떻게 하죠?
❸ **What if** something happens to you? — 당신에게 무슨 일이 일어나면 어쩌죠?
❹ **What if** she comes back now? — 만약 지금 그 여자가 돌아온다면 어떻게 되죠?
❺ **What if** I send it by special delivery? — 속달로 부치면 어떨까요?

Dialogue

A : What's the forecast for tomorrow?
B : It will be fine.
A : 만약 내일 비가 오면 어쩌지?
B : We can't go hiking.

A : 내일 일기예보는 어때?
B : 맑을 거래.
A : What if it rains tomorrow?
B : 그러면 하이킹은 못가는 거지.

Exercises

1. What if he _____ _____ ? — 만약 그 사람이 오지 않으면 어떻게 하죠?
2. What if I _____ _____ him? — 만약 내가 그를 만날 수 없게 되면 어쩌죠?
3. What if I give _____ _____ ? — 제가 차편을 제공하면 어떨까요?

Point Tip!

● What if...?는 What will[would] happen if...?를 줄인 표현이다. 주로 어떤 상황에 앞서 어떻게 할지 물어보는 경우에 많이 사용되지만, 상황에 따라 조심스럽게 뭔가 제안을 하는 표현으로도 가끔 사용된다.

정답. 1. doesn't come 2. can't meet 3. a ride

pattern 101: What's the best way to ~?

~하기에 가장 좋은 방법은 뭐죠?

Useful Expressions

❶ What's the best way to learn English?   영어를 배우는 가장 좋은 방법은 뭐죠?

❷ What's the best way to reduce stress?   스트레스를 줄이는 가장 좋은 방법은 뭐죠?

❸ What's the best way to manage money?   돈을 관리하는 가장 좋은 방법은 뭐죠?

❹ What's the best way to get around the city?   도시를 구경하는 가장 좋은 방법은 뭐죠?

❺ What's the best way to get to the post office?   우체국까지 가는 가장 좋은 방법은 뭐죠?

Dialogue

A : 거기까지 가는 가장 좋은 방법은 뭐죠?
B : I think the subway is the best.
A : Where is the nearest station?
B : It's across the street.

A : What's the best way to get there?
B : 지하철이 가장 좋을 것 같아요.
A : 가까운 역은 어디에 있습니까?
B : 길 건너편에 있습니다.

Exercises

1. What's the best way to _____ _____?   몸무게를 줄이는 가장 좋은 방법은 뭐죠?
2. What's the best way to _____ _____ downtown?   시내로 가는 가장 좋은 방법은 무엇입니까?
3. What's the best way to _____ _____?   이것을 하는 가장 좋은 방법은 뭐죠?

Point Tip!

● 'What's the best way to+동사...?' 형태로 무엇을 하기에 가장 좋은 방법이 뭔지 묻는 표현이다. best 대신 비슷한 유형의 최상급 단어를 집어넣어 응용할 수도 있다. What's the fastest way to...?(가장 빠른 방법은 뭐죠?), What's the easiest way to...?(가장 쉬운 방법은 뭐죠?)

정답. 1. lose weight 2. get to 3. do this

"Where...?"

Unit 23. Where...?

Where는 특정한 장소나 어떠한 동작이 이루어진 곳을 물어볼 때 사용하는 의문사로서 be동사, -ing, 일반 동사, 조동사와 결합하여 '어디'에 해당하는 다양한 질문들을 만들어 볼 수 있다. 원하는 장소나 위치를 묻고 싶을 때에는 Where is...? 나 Where can I...?를 이용하면 된다.

◎ Basic Expressions

① **Where** is the rest room?   화장실이 어디죠?
② **Where** is the fitting room?   탈의실이 어디죠?
③ **Where** are you from?   어디에서 오셨어요?
④ **Where** are you getting this?   이거 어디서 났어요?
⑤ **Where** did you buy this blouse?   이 블라우스 어디서 샀어요?
⑥ **Where** did you hear that?   그거 어디서 들었어요?

Where are you -ing ~? 당신은 어디서 ~하나요?

Useful Expressions

❶ **Where are you go**ing**?** 어디에 가는 거예요?
❷ **Where are you liv**ing**?** 어디에 살고 있습니까?
❸ **Where are you travel**ing **to?** 어디로 여행가는 거예요?
❹ **Where are you depart**ing **from?** 어디에서 출발할 거예요?
❺ **Where are you tak**ing **me for lunch?** 어디에서 점심 사줄 거예요?

Dialogue

A : 지금 어디서 근무하세요?
B : I work for MI Corporation.
A : Do you live close to your work?
B : Yes, it's only a block away.

A : Where are you working now?
B : MI 실업에 근무하고 있어요.
A : 집이 직장과 가까워요?
B : 네, 한 구역 차이인걸요.

Exercises

1. Where are you _____? 어디에 머물고 있습니까?
2. Where are you going _____ _____? 이 시간에 어딜 가세요?
3. Where are you _____ _____? 어디에서 영어공부를 하고 있나요?

Point Tip!

● **Where are you going?**의 going은 'go'의 진행형이므로 '가다'의 의미가 있지만 **Where are you going to+동사...?**에서의 going은 '가다'의 의미가 없어지고 **be going to**(~할 예정이다) 형태로 가까운 미래를 말하는 것이다. **Where are you going to stay?**(어디에 머무를 예정이십니까?)

정답: 1. staying 2. this time 3. studying English

Where can I ~?

어디서 ~ 할 수 있죠? / 어디서 ~하면 되죠?

Useful Expressions

❶ **Where can I** meet you?   어디서 만날까요?
❷ **Where can I** reach you?   어디로 연락하면 되죠?
❸ **Where can I** take the subway?   지하철은 어디서 타면 되죠?
❹ **Where can I** buy cosmetics?   화장품은 어디서 살 수 있죠?
❺ **Where can I** get a railroad timetable?   열차 시간표를 어디서 구할 수 있죠?

Dialogue

A : 은행은 어디에 있죠?
B : You'll see it on your right after a few blocks.
A : Is it easy to find?
B : Certainly. You can't miss it.

A : Where can I find the bank?
B : 두서너 블럭을 지나면 오른편에 보입니다.
A : 찾기 쉬운가요?
B : 물론이죠. 찾기 쉽습니다.

Exercises

1. Where can I _____?   어디서 시작하면 되죠?
2. Where can I _____ _____ like that?   그런 건 어디서 살 수 있죠?
3. Where can I _____ _____ _____?   가이드는 어디서 고용하면 되죠?

Point Tip!

● 물건을 살 때나 위치를 물어볼 때 유용하게 쓸 수 있는 표현이다. 'Where can I find the bank?'는 직역하면 '은행을 어디에서 발견할 수 있나요?'의 뜻이다. 따라서 자연스럽게 풀면 '은행은 어디에 있죠?'의 뜻이 된다.

정답. 1. begin 2. buy things 3. hire a guide

pattern 104: Where's a good place to ~?

~하기 좋은 곳은 어디죠?

Useful Expressions

1. **Where's a good place to** eat? — 식사하기 좋은 곳이 어디죠?
2. **Where's a good place to** take pictures? — 사진 찍기 좋은 곳이 어디죠?
3. **Where's a good place to** visit in spring? — 봄에 갈 만한 곳이 어디죠?
4. **Where's a good place to** buy souvenirs? — 기념품 사기 좋은 곳이 어디죠?
5. **Where's a good place to** go on a first date? — 첫 데이트하기 좋은 곳이 어디죠?

Dialogue

A : 숙박하기 좋은 곳이 어디죠?
B : What kind would you like?
A : I'd like a hotel close to the station.
B : Then, I recommend the Hotel Central.

A : Where's a good place to stay?
B : 어떤 곳을 원하세요?
A : 역에서 가까운 호텔에서 묵고 싶습니다.
B : 그렇다면 센트럴 호텔을 권합니다.

Exercises

1. Where's a good place _____ _____? — 이야기 나누기에 좋은 곳이 어디죠?
2. Where's a good place to _____ _____ _____? — 택시 잡기 좋은 곳은 어디죠?
3. Where's a good place to _____ _____? — 쇼핑하러 가기에 좋은 곳이 어디죠?

Point Tip!

● 장소를 추천받기 위한 표현이다. '좋은 곳'이란 의미로 **a good place** 대신 **a nice place**를 넣어도 상관없다. 이보다 좀더 강한 '~하기 가장 좋은 곳'이란 최상급 표현은 **the best place**를 쓴다. **Where's the best place to shop?**(쇼핑하기 가장 좋은 곳은 어디죠?)

정답. 1. to talk 2. catch a taxi 3. go shopping

Unit 24. When...?

When은 대략의 시기나 구체적으로 어떠한 행위가 이루어진 시점을 물어볼 때 사용하는 의문사로서 역시나 be동사, -ing, 일반 동사, 조동사와 결합하여 다양한 시점의 '언제'에 해당하는 질문들을 만들어 볼 수 있다. 구체적인 시간을 물어볼 땐 보통 What time...?을 사용하지만 When으로도 시간에 해당하는 대답을 요청할 수 있다.

ⓒ Basic Expressions

① **When**'s your birthday? 생일이 **언제**예요?
② **When** do you have time? **언제** 시간 있으세요?
③ **When** do you need it? **언제**까지 필요하시죠?
④ **When** do you expect him back? 그가 **언제** 돌아올까요?
⑤ **When** did you get married? **언제** 결혼하셨어요?
⑥ **When** are you having the party? 파티는 **언제** 엽니까?

When are you -ing ~?

언제 ~할 거예요?

Useful Expressions

❶ **When are you** coming back?   언제 돌아올 거예요?
❷ **When are you** getting married?   언제 결혼할 거예요?
❸ **When are you** heading back home?   언제 본국으로 돌아가세요?
❹ **When are you** leaving for vacation?   휴가는 언제 떠나실 거예요?
❺ **When are you** going to have a housewarming party? 집들이는 언제 할 거예요?

Dialogue

A : 파티는 언제 엽니까?
B : Next Saturday.
A : Do I have to dress up?
B : Just come over in your casuals.

A : When are you having the party?
B : 다음주 토요일이요.
A : 정장차림을 해야 합니까?
B : 그냥 평상복 차림으로 오세요.

Exercises

1. When are you _____?   언제 떠나실 거예요?
2. When are you going to _____ _____?   그는 언제 만날 거예요?
3. When are you planning to _____ _____?   여기에는 언제 오실 계획이세요?

Point Tip!

● **dress up**은 '정장으로 차려입다'의 뜻이고, 이와 반대의 의미인 **dress down**은 '캐주얼하게 입다'의 뜻이다. 또 오해하기 쉬운 **dress to kill**은 '잘 차려입다'의 뜻이다. **dress dinner**는 정장을 차려입어야 하는 만찬을 말한다.

정답. 1. leaving 2. meet him 3. come here

When can I ~?

언제 ~할까요?

Useful Expressions

❶ **When can I** start? — 언제 시작할까요?
❷ **When can I** stop by? — 언제 들를까요?
❸ **When can I** have it back? — 언제쯤 갖다 주시겠습니까?
❹ **When can I** expect your call? — 언제 전화를 하실 건데요?
❺ **When can I** meet you again? — 언제 다시 만날 수 있을까요?

Dialogue

A : Please dry-clean this shirt. 언제 찾을 수 있을까요?
B : When do you need it?
A : Can you make it tomorrow morning?
B : I'll try, but I can't promise.

A : 이 셔츠를 드라이클리닝 해주세요. **When can I pick it up?**
B : 언제까지 필요하시죠?
A : 내일 아침까지 될까요?
B : 노력은 하겠지만 장담은 못 하겠네요.

Exercises

1. When can I _____ _____ ? — 전 언제 집에 갈 수 있나요?
2. When can I _____ _____ you? — 언제 당신과 얘기할 수 있어요?
3. When can I know the _____ _____ ? — 면접 결과를 언제쯤 알 수 있을까요?

Point Tip!

● 언제 내가 ~을 할 수 있는지 물어볼 때 사용하는 표현이다. 주어를 바꿔서 I 대신 **you, we, he, she**를 넣어 다양하게 응용할 수 있다. 참고로 **stop by**는 '~에 들르다'의 뜻으로 비슷한 표현으로 **stop in, drop by, drop in** 등이 있다.

정답. 1. go home 2. talk to 3. interview result

pattern 107 When was the last time ~?

마지막으로 ~한 게 언제예요?

Useful Expressions

❶ **When was the last time** we met?   우리가 마지막으로 만난 게 언제죠?
❷ **When was the last time** you saw him?   당신이 그를 마지막으로 본 게 언제죠?
❸ **When was the last time** you used it?   당신이 마지막으로 카드를 사용한 것이 언제죠?
❹ **When was the last time** you got a check-up?   당신이 마지막으로 검진을 받은 게 언제죠?
❺ **When was the last time** you went to a movie?   당신이 마지막으로 영화를 본 게 언제죠?

Dialogue

A : How's your eyesight?
B : I don't know. I have astigmatic eyes.
A : 마지막으로 시력 검사를 받은 게 언제입니까?
B : About 3 years ago.

A : 시력이 어떻게 되십니까?
B : 잘 모르겠습니다. 저는 난시예요.
A : When was the last time you got an eye-exam?
B : 3년 전쯤이요.

Exercises

1. When was the last time you _____ a holiday?   당신이 마지막으로 휴가 간 게 언제죠?
2. When was the last time you _____ _____?   당신이 마지막으로 그녀를 찾아간 게 언제죠?
3. When was the last time that you _____ _____ _____?   마지막으로 세차한 게 언제죠?

Point Tip!

● 어떤 일을 가장 최근에 해본 게 언제인지 묻는 표현으로 **When was the last time** 뒤에 오는 동사의 시제는 반드시 과거형이 와야 한다. 참고로 시력과 관련된 용어 중 근시는 **near-sighted**(미), **short-sighted**(영), 원시는 **far-sighted**(미), **long-sighted**(영), 난시는 **astigmatic**이라 한다.

정답. 1. had 2. visited her 3. washed your car

Unit 25. Who...?

Who는 '사람'에 대한 의문을 나타내는 의문사이다. be동사, -ing, 일반 동사, 조동사와 결합하여 동작의 주체가 되는 '누구'에 대한 의문문을 만들 수 있다. 참고로 Who is she?(그녀는 누구죠?)가 요구하는 대답은 문맥에 따라서 나와의 관계, 혹은 그녀의 직업을 묻는 질문이 되기도 한다.

◎ Basic Expressions

❶ Who is next? — 다음은 누구에요?
❷ Who did this? — 누가 이랬어요?
❸ Who is calling? — 전화거시는 분은 누구세요?
❹ Who is good at cooking? — 누가 요리를 잘하죠?
❺ Who was the man with you? — 당신과 함께 있던 그 남자 누구였어요?
❻ Who is coming to your house tonight? — 오늘 밤에 누가 당신 집에 오나요?

pattern 108 Who is your ~?

당신의 ~는 누구죠?

Useful Expressions

1. **Who is your** boyfriend? — 누가 당신의 남자친구죠?
2. **Who is your** best friend? — 당신의 가장 친한 친구는 누구죠?
3. **Who is your** superior? — 당신의 상급자는 누구죠?
4. **Who is your** English teacher? — 당신의 영어선생님은 누구죠?
5. **Who is your** favorite poet? — 가장 좋아하는 시인은 누군가요?

Dialogue

A : 가장 좋아하는 남자 배우는 누구야?
B : I like Dustin Hoffman.
A : Oh. You do? So do I. His acting is superb.
B : Yeah. His film won four Academy Awards.

A : Who is your favorite actor?
B : 난 더스틴 호프만을 좋아해.
A : 오, 그래? 나도 좋아하는데. 그의 연기는 최고야.
B : 맞아. 그의 영화는 아카데미상 4개 부문을 수상했잖아.

Exercises

1. Who is your _____? 누가 당신의 어머님이죠?
2. Who is your _____? 당신의 변호사는 누구죠?
3. Who is your _____? 가장 좋아하는 가수는 누군가요?

Point Tip!

● 'Who+be동사+주어'의 형태로 Who로 시작하는 의문문의 가장 기본적인 문형이다. favorite(가장 좋아하는)을 이용하여 다양한 응용이 가능하다. 상대방이 좋아하는 사람을 알고 싶을 때는 Who is your favorite...?을 이용하자.

정답. 1. mother 2. lawyer 3. favorite singer

Who is going to ~?

누가 ~할 거죠?

Useful Expressions

❶ **Who is going to** help her? — 누가 그녀를 도와줄 거죠?
❷ **Who is going to** use it? — 그거 누가 쓰실 거죠?
❸ **Who is going to** pay for this? — 이건 누가 지불할 거죠?
❹ **Who is going to** give a speech? — 누가 연설을 할 예정이죠?
❺ **Who is going to** take over the vacant position? — 누가 그 빈자리를 대신할 건가요?

Dialogue

A : I'll be working for another job from next month.
B : 그럼 누가 당신의 임무를 맡게 되지요?
A : It hasn't been decided yet.
B : Good luck, anyway.

A : 다음달부터는 다른 직장에서 근무하게 되었습니다.
B : **Who's going to take over your duty?**
A : 아직 결정되지 않았어요.
B : 어쨌든 행운을 빕니다.

Exercises

1. Who's going to _____ _____? — 누가 그걸 먹을 건가요?
2. Who's going to _____ _____ _____? — 누가 리더가 될 건가요?
3. Who is going to _____ _____ _____ at the airport? — 누가 공항으로 우릴 데리러 올 거죠?

Point Tip!

● 의문사 **Who**와 '~할 예정이다'라는 뜻을 가진 **be going to**가 결합한 형태로 **to** 다음에는 반드시 동사의 원형이 온다. 참고로 **to take over one's duty**는 '누구의 임무를 인계받다, 건네받다'라는 의미이다.

정답. 1. eat it 2. be a leader 3. pick us up

Who did you ~?

누구랑 ~했어요? / 누구에게 ~했어요?

Useful Expressions

1. **Who did you** ask for? — 누구에게 부탁했어요?
2. **Who did you** meet yesterday? — 어제 누구랑 만났어요?
3. **Who did you** have lunch with? — 누구랑 같이 점심 먹었어요?
4. **Who did you** send that e-mail to? — 그 이메일 누구한테 보낸 거예요?
5. **Who did you** order it from? — 그거 누구한테 주문하셨어요?

Dialogue

A : What did you do last weekend?
B : I went to the ball park.
A : 누구랑 갔는데?
B : With my family.

A : 지난 주말에 뭐했어?
B : 야구장 갔었어.
A : Who did you go with?
B : 가족들이랑.

Exercises

1. Who did you _____ _____ with ? — 누구랑 쇼핑 갔어요?
2. Who did you call _____ _____ _____? — 그 시간에 누구한테 전화했어요?
3. Who did you show _____ _____ _____? — 그 사진을 누구한테 보여 줬어요?

Point Tip!

- 'Who+조동사+주어+동사원형...?' 의 형태로 Who가 목적어로 쓰인 문장이다. Who 뒤에 do(did, does)가 오면 목적격이 된다. 원래는 목적격인 whom을 써야 하지만 일반적으로 회화에서는 whom 대신 who를 많이 쓴다.

정답. 1. go shopping 2. at that time 3. the picture to

Unit 26. Why...?

Why는 '왜'에 해당하는 의문사로 상대방이 한 말이나 행동의 이유를 물어보는 표현이다. 그러나 Why don't you(we)...?는 이유를 묻는 것이 아니라 '~하는 게 어때?'라고 상대방에게 제안하는 표현이다. 또한 이유를 묻는 Why의문문의 경우에는 상당히 직접적인 화법이므로 격식을 차려야 하는 윗사람에게는 주의해야 한다. 영어에서 정중한 표현은 간접적인 화법이다.

◎ Basic Expressions

① **Why** do you think so? — 왜 그렇게 생각해요?
② **Why** do you say that? — 왜 그런 말을 해요?
③ **Why** did you call me up? — 왜 내게 전화했어요?
④ **Why** did you lie to me? — 왜 내게 거짓말했어요?
⑤ **Why** were you absent yesterday? — 왜 어제 결석했어요?
⑥ **Why** do you need me to do it? — 그걸 하는데 왜 내가 필요해요?

pattern 111 Why are you ~?

왜 ~해요?

Useful Expressions

① **Why are you** so quiet? 　　　　왜 그렇게 조용해요?
② **Why are you** so depressed? 　　왜 그렇게 우울해요?
③ **Why are you** only asking me? 　왜 내게만 질문을 하죠?
④ **Why are you** so good to me? 　　왜 그렇게 나한테 잘해줘요?
⑤ **Why are you** in such a good mood? 　왜 그렇게 기분이 좋아요?

Dialogue

A : 왜 이렇게 서두르는 거야?
B : I'm late for work.
A : When does your work start?
B : At eight-thirty.

A : **Why are you in a hurry?**
B : 일하러 가는데 늦었어.
A : 몇 시에 업무가 시작되는데?
B : 8시 반.

Exercises

1. Why are you _____ _____? 　왜 그렇게 늦었어요?
2. Why are you _____ _____ _____? 　왜 나한테 화를 내요?
3. Why are you _____ _____ _____? 　그 얘길 왜 나한테 하는 거예요?

Point Tip!
● 감정을 나타내는 형용사로는 **depressed**(우울한), **gloomy**(우울한), **blue**(우울한), **sad**(슬픈), **angry**(화가 난), **happy**(행복한), **glad**(기쁜), **delighted**(기쁜), **pleased**(기쁜), **surprised**(놀라운) 등이 있다.

정답. 1. so late 2. angry with me 3. telling me that

pattern 112 Why are you always ~? 당신은 왜 항상 ~해요?

Useful Expressions

① **Why are you always** like that?   당신은 왜 항상 그런 식이에요?
② **Why are you always** studying here?   당신은 왜 항상 여기에서 공부해요?
③ **Why are you always** so critical?   당신은 왜 항상 그렇게 비판적이에요?
④ **Why are you always** taking his side?   당신은 왜 항상 그 사람 편만 들어요?
⑤ **Why are you always** so suspicious of me?   당신은 왜 항상 나를 의심해요?

Dialogue

A : 너 왜 항상 나를 놀리니?
B : I didn't pick on you. Are you angry?
A : Yes, I'm angry. You're too much.
B : Oh! Just kidding. If you had bad feelings, I am so sorry.

A : Why are you always picking on me?
B : 나 너 안 놀렸는데. 화났니?
A : 그래, 화났어. 넌 정말 너무해.
B : 오! 농담이야. 기분 나빴다면 미안해.

Exercises

1. Why are you always _____ _____?   당신은 왜 항상 그렇게 잘해줘요?
2. Why are you always _____ _____?   당신은 왜 항상 거기에 가요?
3. Why are you always _____ _____?   당신은 왜 항상 그에게 물어봐요?

Point Tip!

● Why are you+always...? 형태로 얼핏 보기에는 복잡한 구문 같지만 'Why+be동사+주어...?'의 가장 기본적인 Why의문문 형태이다. critical은 '비판의', suspicious는 '의심하는', pick on은 '괴롭히다, 놀리다'의 뜻이다.

정답. 1. so nice 2. going there 3. asking him

Why don't you ~?

당신 ~하는 게 어때요?

Useful Expressions

❶ **Why don't you** try it on? 그거 한번 입어보는 게 어때요?
❷ **Why don't you** get some rest? 좀 쉬는 게 어때요?
❸ **Why don't you** go on a diet? 다이어트를 하는 게 어때요?
❹ **Why don't you** order it online? 인터넷으로 주문하는 게 어때요?
❺ **Why don't you** take that offer? 그 제안을 받아들이는 게 어때요?

Dialogue

A : What are you celebrating?
B : Tomorrow is our tenth wedding anniversary.
  와서 함께 하는 게 어때요?
A : Sure. I'd be glad to come.

A : 무슨 특별한 날이에요?
B : 내일이 우리의 결혼 10주년이거든요.
  Why don't you come and join us?
A : 물론이죠. 기꺼이 갈게요.

Exercises

1. Why don't you _____ about it? 그거 한번 생각해 보는 게 어때요?
2. Why don't you _____ some food? 뭘 좀 먹는 게 어때요?
3. Why don't you _____ with me? 나랑 함께 일하는 게 어때요?

Point Tip!

● Why don't you+동사원형...?의 형태로 이유를 묻는 표현이 아니다. Why의문사로 시작하여 의문문 형식을 띠고 있지만 상대방에게 뭔가 가벼운 권유나 제안을 하는 표현이다. '~하는 게 어때요?' 라고 해석한다.

정답. 1. think 2. eat 3. work

pattern 114 Why don't we ~?

우리 ~할래요?

Useful Expressions

❶ **Why don't we** go for a walk? 우리 산책 할래요?
❷ **Why don't we** eat out tonight? 우리 오늘 외식할까요?
❸ **Why don't we** order in? 우리 음식을 시켜먹는 게 어떨까요?
❹ **Why don't we** share the umbrella? 우산 같이 쓰실래요?
❺ **Why don't we** move out of the city? 도시를 벗어나 이사 가는 게 어때요?

Dialogue

A : 우리 드라이브 갈래요?
B : Sorry. I have a previous engagement.
A : So, how about tomorrow?
B : Okay. I'll call you tomorrow.

A : Why don't we go for a drive?
B : 미안하지만 선약이 있어서요.
A : 그러면 내일은 어때요?
B : 좋아요. 제가 내일 전화 드릴게요.

Exercises

1. Why don't we stop for _____ _____? 우리 잠깐 쉴까요?
2. Why don't we _____ _____ together? 우리 함께 운동할까요?
3. Why don't we _____ _____ the truth? 우리 그 사실을 그에게 말하는 게 어때요?

Point Tip!

● Why don't you...?의 주어를 we로 바꾸면 '함께 ~하자'는 표현이 된다. 이와 비슷한 의미의 표현으로는 'Let's...'나 'Shall we...?'가 있으며, 'Why don't you...?'가 'Let's ~' 보다 더 부드러운 표현이다.

정답. 1. a while 2. work out 3. tell him

Why didn't you ~?

왜 ~하지 않았어요?

Useful Expressions

❶ **Why didn't you** tell me?   왜 내게 말하지 않았어요?
❷ **Why didn't you** wake me up?   왜 날 깨우지 않았어요?
❸ **Why didn't you** take the job?   왜 그 일을 맡지 않았어요?
❹ **Why didn't you** come to my house?   왜 우리 집에 오지 않았어요?
❺ **Why didn't you** show up for the meeting?   왜 회의에 참석하지 않았어요?

Dialogue

A : 왜 저녁 식사 때 오지 않았어?
B : I didn't want to.
A : Are you all right? You look pale.
B : I seem to have come down with something.

A : Why didn't you show up for dinner?
B : 그러고 싶지 않아서.
A : 괜찮아? 창백해 보이는데.
B : 어쩐지 몸이 안 좋은 것 같아.

Exercises

1. Why didn't you _____ _____?   왜 그것을 하지 않았어요?
2. Why didn't you _____ _____?   왜 날 사랑하지 않았어요?
3. Why didn't you _____ _____?   왜 아무 말도 안 했어요?

Point Tip!

● **Why don't you...?**의 과거형이지만 **Why didn't you...?**에는 제안의 의미는 전혀 없고, '왜 ~하지 않았어요?'와 같이 오직 이유를 묻는 표현으로만 사용된다. 현재(**don't**)는 제안의 의미이고, 과거(**didn't**)는 책임을 묻는 의미라고 생각하면 된다.

정답. 1. do it 2. love me 3. say something

"Which...?"

Unit 27. Which...?

Which는 '선택'을 표현하는 의문사이다. '어느 것' '어느 쪽'이란 뜻으로 둘 중 하나를 고르거나 여러 가지 중에서 하나를 고를 때에도 사용할 수 있다. Which 뒤에는 be동사, 조동사, 일반 동사가 올 수 있고, 바로 명사가 올 수도 있다. 일반적으로 '어떤 것' Which+명사...?는 '어느' '어떤'의 이미지이다.

◎ Basic Expressions

① **Which** team do you support? — 어느 팀을 응원하세요?
② **Which** newspaper do you read? — 어느 신문을 구독해요?
③ **Which** expression do you use more? — 어느 표현을 자주 사용해요?
④ **Which** is better for a beginner? — 어느 것이 초보자에게 더 좋아요?
⑤ **Which** is better, to go by bus or taxi? — 버스와 택시 중 어느 것이 더 나을까요?
⑥ **Which** do you like better, spring or winter? — 봄과 겨울 중에서 어느 것을 더 좋아해요?

pattern 116: Which is + 비교급 ~?

어느 것이 더 ~해요?

Useful Expressions

❶ **Which is** bigger? — 어느 것이 더 커요?
❷ **Which is** larger? — 어느 것이 더 커요?
❸ **Which is** stronger? — 어느 것이 더 강해요?
❹ **Which is** longer? — 어느 것이 더 길어요?
❺ **Which is** more strongly made? — 어느 것이 더 튼튼합니까?

Dialogue

A : May I have an envelope?
B : There are two brands.
A : 어느 것이 더 인기 있어요?
B : This is the more popular brand.

A : 봉투 하나 주시겠어요?
B : 제품은 두 가지가 있는데요.
A : **Which is more popular?**
B : 이것이 더 잘 팔리는 제품입니다.

Exercises

1. Which is _____? — 어느 것이 더 작아요?
2. Which is _____? — 어느 것이 더 작아요?
3. Which is _____? — 어느 것이 더 깨끗해요?

Point Tip!

● **Which is** 뒤에 비교급을 붙여 두 가지 중에 하나를 선택하기 위해 비교하여 물어보는 표현이다. 비교급을 만드는 방법은 해당 단어 뒤에 **-er**을 붙이면 된다. 3음절 이상의 비교적 긴 단어는 앞에 **more**를 붙여주면 된다.

정답. 1. smaller 2. shorter 3. cleaner

pattern 117

Which ~ do you prefer?

어떤 ~을 좋아해요?

Useful Expressions

① **Which** color **do you prefer?**   어떤 색깔을 좋아해요?
② **Which** drink **do you prefer?**   어떤 음료를 좋아해요?
③ **Which** way **do you prefer?**   어떤 방법(길)을 좋아해요?
④ **Which** teacher **do you prefer?**   어떤 선생님을 좋아해요?
⑤ **Which** kind of food **do you prefer?**   어떤 종류의 음식을 좋아해요?

Dialogue

A : Winter is in the air.
B : This autumn seems to pass away so fast.
A : 어떤 계절을 좋아해요?
B : I prefer spring best.

A : 겨울 기운이 완연하네요.
B : 이번 가을은 정말 빨리 지난 것 같아요.
A : **Which season do you prefer?**
B : 나는 봄을 가장 좋아해요.

Exercises

1. Which _____ do you prefer?   어느 디자인을 좋아해요?
2. Which _____ do you prefer?   어느 팀을 좋아해요?
3. Which _____ do you prefer?   어느 프로그램을 좋아해요?

Point Tip!

● Which+명사+do you prefer?의 형태로 여러 가지 중에서 어떤 한 가지를 선택하게 하는 질문 유형이다. Which 다음에 명사가 오면 의문대명사가 아니라 의문형용사가 되어 '어느 것'의 뜻이 아니라 '어느' '어떤'의 뜻이 된다. 따라서 실제로는 차이가 있지만 Which 대신에 What을 넣어 구분하지 않고 사용하기도 한다.

정답. 1. design 2. team 3. program

Which one do you ~?

어느 것을 ~하세요?

Useful Expressions

❶ **Which one do you** like? 어느 것이 좋으세요?
❷ **Which one do you** prefer? 어느 것이 좋으세요?
❸ **Which one do you** mean? 어느 것을 뜻하죠?
❹ **Which one do you** need? 어떤 게 필요해요?
❺ **Which one do you** want to buy? 어느 것을 살래요?

Dialogue

A : 무슨 사진 찍으실 겁니까?
B : The passport photo.
A : Give me a second to prepare the camera.
B : Okay.

A : Which one do you want to take?
B : 여권사진이요.
A : 카메라를 준비할 테니 잠시 기다리세요.
B : 알겠습니다.

Exercises

1. Which one do you _____? 어느 것을 원하세요?
2. Which one do you ____ ____? 어느 것이 더 좋아요?
3. Which one do you like ____ ____? 어느 것이 제일 좋으세요?

Point Tip!

● like와 prefer는 둘 다 '좋아하다'의 의미를 가지고 있지만 굳이 따지자면 prefer는 둘 혹은 여럿 중에서 더 좋아한다는 의미이다. 따라서 prefer와 like better가 같은 뜻이라고 할 수 있다. 참고로 최상급에는 the most, the highest와 같이 반드시 the가 붙는다.

정답. 1. want 2. like better 3. the most

pattern 119 Which do you prefer, A or B?

A와 B 중에서 어느 것이 더 좋아요?

Useful Expressions

❶ **Which do you prefer**, this **or** that? — 이것과 저것 중 어느 게 더 좋아요?

❷ **Which do you prefer**, meat **or** fish? — 고기와 생선 중 어느 게 더 좋아요?

❸ **Which do you prefer**, summer **or** winter? — 여름과 겨울 중 어느 쪽이 더 좋아요?

❹ **Which do you prefer**, Korean food **or** Western food? — 한식과 양식 중 어느 게 더 좋아요?

❺ **Which do you prefer**, horror movies **or** action movies? — 공포영화와 액션영화 어떤 게 더 좋아요?

Dialogue

A : 금연석과 흡연석 중 어느 쪽이 좋으십니까?
B : Non-smoking, please.
A : This way, please. Your waiter will be with you right away.
B : Thank you.

A : Which do you prefer, smoking or non-smoking?
B : 금연석으로 부탁합니다.
A : 이리로 오십시오. 담당 웨이터가 안내해 곧 함께 할 겁니다.
B : 감사합니다.

Exercises

1. Which do you prefer, _____ _____ _____? — 수학과 영어 중 어느 과목이 더 좋아요?
2. Which do you prefer, _____ _____ _____? — 금요일과 토요일 중에 언제가 더 좋아요?
3. Which do you prefer, ____ ____ ____ ____? — 클래식과 대중음악 중에서 어느 게 더 좋아요?

Point Tip!

● 흔히 클래식 음악을 **classic** 또는 **classic music**이라고 하는데 이는 모두 잘못된 표현이다. 우리가 사용하는 의미의 클래식, 즉 고전적인 음악은 **classical music**이라고 하는 것이 정확한 표현이다.

정답: 1. math or English 2. Friday or Saturday 3. classical or popular music

"How...?"

Unit 28. How...?

How는 방법이나 수단을 나타내며 What과 더불어 일상생활에서 가장 많이 쓰이는 의문사이다. 'How+be동사...?'의 형태로 '~은 어떤지' '~은 어땠는지' 안부나 상태를 물어볼 수 있고, 'How+do+주어...?'의 형태로 상대방의 느낌을 물어볼 수도 있고, 'How+about+명사?'의 형태로 상대방의 의향을 물어볼 수도 있다.

◎ Basic Expressions

❶ How are you? — 어떻게 지내세요?
❷ How's your family? — 가족들은 어떻게 지내세요?
❸ How's your cold? — 감기는 좀 어때요?
❹ How was your trip? — 여행은 어땠어요?
❺ How old are you? — 몇 살입니까?
❻ How tall are you? — 키가 얼마나 됩니까?

How about ~?

~어때요? / ~해줄래요?

Useful Expressions

❶ **How about** her?   그 여자 어때요?
❷ **How about** a refill?   한 잔 더 어때요?
❸ **How about** this one?   이건 어떠세요?
❹ **How about** a favor?   부탁하나 들어줄래요?
❺ **How about** Korean food for a change?   기분 전환으로 한국음식 어때요?

Dialogue

A : Are you busy this weekend?
B : Yes, I already have plans.
A : Then, 다음주는 어때요?
B : Well, I'm not sure.

A : 이번 주말에 바쁜가요?
B : 네, 선약이 있습니다.
A : 그렇다면, how about sometime next week?
B : 글쎄요, 확신할 수 없는데요.

Exercises

1. How about _____?   내일은 어때요?
2. How about _____ _____ _____?   잠깐 쉬는 게 어때요?
3. How about _____ _____ _____ after work?   일 끝나고 산책하는 게 어때요?

Point Tip!

● **How about** 뒤에는 명사와 동사 -ing 뿐 아니라 부사구나 부사절도 올 수 있으며, 부사절이 올 경우에 주어와 동사는 순서가 바뀌지 않는다. 권유나 제안을 할 때(= How would you like to~?)나 약속 시간이나 장소를 정할 때(=What about~?) 사용할 수 있다.

정답. 1. tomorrow 2. taking a break 3. taking a walk

How can I ~?

어떻게 하면 ~할 수 있을까요?

Useful Expressions

❶ **How can I** get there? 어떻게 하면 그곳에 갈 수 있죠?
❷ **How can I** get online? 어떻게 하면 인터넷 접속을 할 수 있죠?
❸ **How can I** ever repay you? 어떻게 당신께 보답할 수 있을까요?
❹ **How can I** make it up to you? 어떻게 하면 당신 마음이 풀리죠?
❺ **How can I** get in better shape? 어떻게 하면 날씬한 몸을 얻을 수 있을까요?

Dialogue

A : 이 책을 대출 받으려면 어떻게 해야 하나요?
B : You must get a library card first.
A : Should I pay anything to sign up for a card?
B : No. It's free.

A : **How can I borrow this book?**
B : 도서관 카드를 먼저 만드셔야 됩니다.
A : 카드를 만드는데 돈을 내야 하나요?
B : 아뇨. 그건 무료입니다.

Exercises

1. How can I _____ this can? 이 캔은 어떻게 열죠?
2. How can I _____ a good job? 어떻게 하면 좋은 직장을 얻을 수 있을까요?
3. How can I _____ _____ _____ with you? 어떻게 하면 당신에게 연락할 수 있을까요?

Point Tip!

● **sign up**은 어딘가에 서명을 하고 새로 등록하거나 응모하거나 계약할 때 쓸 수 있는 표현이다. 이와 비슷한 표현으로 **sign in**은 어딘가에 들어갈 때 서명을 하고 들어간다는 의미로 숙박계 작성이나 출근하는 것을 말한다.

정답: 1. open 2. get 3. get in touch

pattern 122 How do I ~?

~을 어떻게 하죠?

Useful Expressions

❶ **How do I turn it on?** 이것은 어떻게 켜는 거죠?
❷ **How do I address you?** 제가 어떻게 불러야 돼나요?
❸ **How do I rewind the film?** 필름을 어떻게 되감지요?
❹ **How do I call room service?** 룸서비스를 부를 때는 어떻게 하나요?
❺ **How do I apply for a driver's license?** 운전 면허증을 어떻게 신청하나요?

Dialogue

A : It looks very delicious.
B : Help yourself, please.
A : 이건 어떻게 먹는 거예요?
B : You pick it up like this with chopsticks.

A : 아주 맛있어 보이네요.
B : 많이 드세요.
A : **How do I eat this?**
B : 젓가락을 사용해서 이렇게 집어 올리는 겁니다.

Exercises

1. How do I _____ _____ ? 거기에 어떻게 가면 되죠?
2. How do I _____ _____ _____ ? 요금은 어떻게 지불하면 되죠?
3. How do I _____ _____ _____ ? 이 카메라는 어떻게 사용해야 하나요?

Point Tip!

● 누군가를 처음 만나게 되면 인사를 나눈 후 가장 먼저 **How do I address you?**(제가 뭐라고 부를까요?) 라는 말을 할 수 있다. 여기서 **address**는 우리가 흔히 사용하는 '주소' 또는 '주소를 적다'의 의미가 아니라 '~라고 호칭하다'의 의미이다.

정답. 1. get there 2. pay the fare 3. use this camera

How...? 163

How do you like ~?

~을 어떻게 해드릴까요? / ~가 어때요?

Useful Expressions

❶ **How do you like** this tie? 이 넥타이 어때요?
❷ **How do you like** this food? 이 음식 어때요?
❸ **How do you like** my clothes? 내가 입은 옷 어때요?
❹ **How do you like** my cooking? 내가 만든 음식 어때요?
❺ **How do you like** your steak? 스테이크는 어떻게 해드릴까요?

Dialogue

A : 커피 어떻게 타줄까?
B : Oh, two sugars, please.
A : And no cream?
B : No, thank you.

A : **How do you like your coffee?**
B : 아, 설탕 두 숟갈 넣어줘.
A : 크림은 안 넣고?
B : 응, 됐어.

Exercises

1. How do you like _____ _____? 내 차 어때요?
2. How do you like _____ _____ _____? 새 직장은 어때요?
3. How do you like _____ _____? 돈은 어떻게 바꿔 드릴까요?

Point Tip!

● '~은 어때요?'라는 뜻으로 옷의 맵시나 물건의 상태, 혹은 어떤 것에 대한 느낌 등을 물어볼 때 쓸 수 있는 표현이다. 또한 '~은 어떻게 해드릴까요?'라고 해석되기도 하는데 **How do you like** 뒤에 음식이름이 나와 음식의 조리정도를 묻거나 환전이나 지불 방법, 원하는 헤어스타일 등을 물을 때 사용된다. 이 경우 보다 공손한 표현은 **How would you like...?**이다.

정답: 1. my car 2. your new job 3. your money

pattern 124: How do you feel ~?

~은 어때요? / ~을 어떻게 생각해요?

Useful Expressions

❶ **How do you feel** today? — 오늘 컨디션은 어때요?
❷ **How do you feel** about that? — 그 점에 대해 어떻게 생각해요?
❸ **How do you feel** about my opinion? — 내 의견에 대해 어떻게 생각해요?
❹ **How do you feel** about the taste of the tea? — 차 맛이 어때요?
❺ **How do you feel** about the climate in Korea? — 한국의 기후에 대해 어떻게 생각해요?

Dialogue

A : 기분이 어때요?
B : I feel a little better.
A : Do you want to rest?
B : No, I'm fine. I feel much better than yesterday.

A : How do you feel?
B : 조금 나아진 것 같아요.
A : 좀 쉴래요?
B : 아니, 괜찮아요. 어제보다는 훨씬 컨디션이 좋아요.

Exercises

1. How do you feel about _____? — 미국에 대해 어떻게 생각해요?
2. How do you feel about _____ _____? — 이 책에 대해 어떻게 생각해요?
3. How do you feel about _____ _____? — 이런 날씨 어떻게 생각해요?

Point Tip!

● '~에 대해 어떻게 생각하십니까?'라는 표현은 우리 식대로 쉽게 생각하면 **How do you think about...?** 이 되겠지만 이는 틀린 표현이다. **How do you feel about...?** 이라고 하거나 **What do you think about...?** 라고 해야 한다.

정답: 1. America 2. this book 3. this weather

pattern 125 How come ~?

어떻게 ~할 수 있죠?

Useful Expressions

❶ **How come** I'm short?   어쩌다 난 이렇게 작은 걸까요?

❷ **How come** you don't like me?   어떻게 날 좋아하지 않을 수 있죠?

❸ **How come** you have this cute font?   어떻게 이렇게 귀여운 폰트를 구했죠?

❹ **How come** you speak such good English?   어떻게 그렇게 영어를 잘하십니까?

❺ **How come** he knows everything?   어떻게 그가 모든 사실을 알았죠?

Dialogue

A : 피곤해 보이는데 웬일인가요?
B : I didn't sleep last night. So, I'm out of sorts today.
A : I'm afraid your work seems too stressful to you.
B : I think so.

A : How come you look so tired?
B : 어젯밤에 잠을 못 잤어요. 그래서 몸이 개운치 않네요.
A : 일이 스트레스가 많으신가 봐요.
B : 그런 거 같아요.

Exercises

1. How come I'm _____ _____ ?   어쩌다 난 이렇게 뚱뚱할까요?
2. How come I always _____ _____ ?   어떻게 난 항상 아플까요?
3. How come you speak _____ _____ ?   어떻게 그렇게 말씀할 수 있죠?

Point Tip!

● How come...?은 How did it come that...?의 단축형이므로 How come 뒤에는 반드시 '주어+동사'의 형태가 따라와야 한다. 구어체에서 많이 쓰는 표현이므로 시제에는 구애받지 않고 쓰는 것이 보통이다.

정답. 1. so fat 2. get sick 3. like that

"How+부사/형용사...?"

Unit 29. How+부사/형용사...?

How 뒤에 **수, 양, 가격, 거리, 길이, 횟수, 시간** 등을 묻기 위한 부사나 형용사를 붙이면 How '어떻게' 가 아니라 '얼마나' 라는 뜻이 된다. '**얼마나 ~한**', '**얼마나 ~하게**' 로 해석할 수 있다. 간단하지만 일상생활에서 광범위하게 자주 사용되는 표현이고 다양하게 응용이 가능하므로 반드시 익혀두어야 하는 패턴이다.

◎ Basic Expressions

❶ **How** much is it?   얼마입니까?
❷ **How** far is it?   **얼마나** 멀죠?
❸ **How** old are you?   **몇** 살이세요?
❹ **How** tall is he?   그는 키가 **얼마나** 되죠?
❺ **How** many are there in your family?   가족이 모두 **몇** 분이십니까?
❻ **How** often do you exercise?   **얼마나** 자주 운동하시나요?

pattern 126 How many ~?

얼마나(수량)...?

Useful Expressions

① **How many** friends do you have?   친구가 몇 명이나 있어요?
② **How many** drinks have you had?   몇 잔이나 드셨죠?
③ **How many** books do you have?   얼마나 많은 책을 가지고 있어요?
④ **How many** people are you expecting?   몇 분이나 오십니까?
⑤ **How many** groups are waiting before us?   우리 앞에 몇 팀이나 기다립니까?

Dialogue

A : 가족은 모두 몇 명입니까?
B : My family has five members.
A : Which child are you?
B : I'm the youngest among three sons.

A : How many are there in your family?
B : 우리 식구는 다섯입니다.
A : 당신은 몇 째입니까?
B : 아들 셋 중에서 막내입니다.

Exercises

1. How many _____ do you have?   형제가 몇 명이에요?
2. How many baggages _____ _____ _____?   짐은 몇 개나 됩니까?
3. How many _____ can you speak?   몇 개 언어를 할 수 있어요?

Point Tip!

● **many**는 셀 수 있는 명사의 복수형 앞에서 '많은' 이라는 뜻으로 쓰인다. 수의 많고 적음을 나타내는 수량형용사로 사람이나 사물을 셀 때 쓸 수 있는 표현이다. 따라서 **many** 뒤에는 반드시 복수명사가 와야 한다.

정답. 1. brothers 2. do you have 3. languages.

pattern 127 How much ~?

얼마나(가격/양)...?

Useful Expressions

❶ **How much** is this candy? — 이 사탕은 얼마예요?
❷ **How much** is it altogether? — 전부 얼마입니까?
❸ **How much** do you like me? — 날 얼마만큼 좋아해요?
❹ **How much** for an adult? — 어른 한 사람에 얼마예요?
❺ **How much** is the membership fee? — 입회비는 얼마예요?

Dialogue

A : I'd like to check this baggage.
B : All right. Please put it on the scale. Your baggage is over-weight.
A : 추가요금은 얼마죠?
B : It's 80 dollars.

A : 이 짐을 탁송하고 싶은데요.
B : 네, 저울 위에 올려주세요. 짐이 초과되었네요.
A : **How much is the extra charge?**
B : 80달러입니다.

Exercises

1. How much is the _____ _____ ? — 버스 요금은 얼마예요?
2. How much is the _____ _____ ? — 입장료가 얼마예요?
3. How much _____ _____ _____ ? — 당신의 몸무게는 얼마나 나갑니까?

Point Tip!

● much는 셀 수 없는 명사 앞에서 '많은'이라는 뜻으로 쓰인다. 양의 많고 적음을 나타내는 수량형용사로 가격이나 양을 물어볼 때 쓸 수 있는 표현이다. 셀 수 없는 명사는 복수를 만들 수 없으므로 복수명사를 쓰지 않는다.

정답. 1. bus fare 2. admission fee 3. do you weigh

pattern 128 How far ~?

얼마나(거리)...?

Useful Expressions

❶ **How far** is it from here?   여기서 얼마나 됩니까?
❷ **How far** do we have to go?   얼마나 더 가야 되요?
❸ **How far** does the road continue?   그 길은 얼마나 계속됩니까?
❹ **How far** is it from here to the airport?   여기서 공항까지 얼마나 됩니까?
❺ **How far** is New York behind Seoul?   뉴욕이 서울보다 몇 시간 늦죠?

Dialogue

A : Please tell me the way to the museum.
B : Go down two blocks, turn right.
A : 얼마나 멀죠? Can I walk there?
B : Of course. It takes ten minutes.

A : 박물관으로 가는 길 좀 가르쳐 주세요.
B : 두 구역 내려가서 우회전하세요.
A : **How far is it?** 거기까지 걸어갈 수 있나요?
B : 물론이죠. 10분 정도 걸립니다.

Exercises

1. How far is _____ _____?   공항까지 거리가 얼마나 되죠?
2. How far to the _____ _____?   다음 도시까지는 얼마나 되요?
3. How far is the Korean restaurant _____ _____?   여기서 한국식당까지 얼마나 됩니까?

Point Tip!

● How far...?는 보통 거리가 얼마나 되는지 물을 때 쓰는 표현이지만 시차가 얼마나 되는지 물을 때도 쓸 수 있다.

정답: 1. the airport 2. next city 3. from here

How long ~?

얼마나(길이/기간)...?

Useful Expressions

❶ **How long** are you staying? — 얼마나 머무를 예정입니까?
❷ **How long** is the song? — 그 노래는 얼마나 길어요?
❸ **How long** can you swim? — 얼마나 멀리 수영할 수 있나요?
❹ **How long** will you be gone? — 가시면 얼마나 있을 예정이십니까?
❺ **How long** will the next bus be? — 다음 버스가 오려면 얼마나 걸릴까요?

Dialogue

A : What time does the film start?
B : It starts in five minutes.
A : 영화 상영시간은 얼마나 됩니까?
B : It's two hours.

A : 영화는 몇 시에 시작합니까?
B : 앞으로 5분 후에 시작됩니다.
A : **How long is the movie?**
B : 2시간이요.

Exercises

1. How ___ ___ the pizza cook? — 피자는 얼마 동안 구워야 되죠?
2. How long are you ___ ___ ___ in Korea? — 한국에 얼마나 머물러 있을 예정입니까?
3. How long is ___ ___ from New York to Seoul? — 뉴욕에서 서울까지 비행기로 얼마나 걸려요?

Point Tip!
● How long...?은 길이를 나타내는 표현이다. 사물의 길이, 시간의 길이, 거리의 길이를 표현할 때 다 쓸 수 있는 표현이다.

정답. 1. long should 2. going to stay 3. the flight

pattern 130 — How long does it ~?
~은 얼마나(소요시간) 걸리죠?

Useful Expressions

❶ **How long does it** take by taxi? 　택시로 얼마나 걸리지요?
❷ **How long does it** take to get there? 　거기까지 얼마나 걸리지요?
❸ **How long does it** take to repair this? 　이것을 고치는 데 얼마나 걸리지요?
❹ **How long does it** take to cook the meat? 　그 고기를 요리하는 데 얼마나 걸리지요?
❺ **How long does it** take you to get to work by bus? 　버스로 직장까지 얼마나 걸리지요?

Dialogue

A : Where are you going?
B : Please take me to downtown.
A : 시내까지 몇 분 정도 걸립니까?
B : About 30 minutes.

A : 어디로 모실까요?
B : 시내로 가주세요.
A : How long does it take to go downtown?
B : 30분 정도 걸립니다.

Exercises

1. How long does it take _____ _____ ? 　걸어서 얼마나 걸리지요?
2. How long does it take to _____ _____ _____ ? 　비자를 받는데 얼마나 걸리지요?
3. How long does it take to _____ _____ _____ ? 　창문을 청소하는데 얼마나 걸리지요?

Point Tip!

● 교통수단 앞에는 전치사 **by**를 써서 **by bus**(버스로), **by taxi**(택시로), **by subway**(지하철로), **by train**(기차로), **by plane**(비행기로), **by ship**(배로), **by bike**(자전거로)로 표현하다. 다만 걸어서 갈 때는 **by**를 쓰지 않고 **walk** 혹은 **on foot**으로 표현한다.

정답: 1. on foot 2. get a visa 3. clean a window

pattern 131 How long have you ~?
~한 지 얼마나(지나온 시간) 됐어요?

Useful Expressions

❶ **How long have you** liked skiing? 스키 좋아한 지는 얼마나 됐어요?

❷ **How long have you** been married? 결혼한 지 얼마나 되세요?

❸ **How long have you** been here? 여기에 얼마나 계셨죠?

❹ **How long have you** been coming here? 여긴 온 지 얼마나 됐어요?

❺ **How long have you** been playing the piano? 피아노 치신 지 얼마나 되셨어요?

Dialogue

A : 여기 산 지 얼마나 되세요?
B : I've been here about five years.
A : This is a great place.
B : Thanks.

A : How long have you lived here?
B : 5년쯤 됐어요.
A : 집이 참 좋군요.
B : 고마워요.

Exercises

1. How long have you _____ _____ ? 그곳에 사신 지 얼마나 되셨어요?
2. How long have you _____ _____ ? 운전한 지 얼마나 되셨어요?
3. How long have you been _____ _____ ? 여기에서 얼마동안 기다리고 있었어요?

Point Tip!

● How long have you...?와 How long have you been...?은 둘 다 지나온 시간에 대해 묻는 표현이지만 그 의미는 조금 다르다. How long have you...?는 무엇을 최초로 시작한 이후로부터 전체의 기간을 묻는 표현이고, How long have you been...?는 지금 현재 그 일을 하고 있는 구체적인 시간을 묻는 표현이다.

정답. 1. lived there 2. been driving 3. waiting here

pattern 132 How often ~?

얼마나 자주 ~하세요?

Useful Expressions

❶ **How often** do you see him? 얼마나 자주 그를 만나세요?
❷ **How often** do you work out? 얼마나 자주 운동을 하십니까?
❸ **How often** do the trains run? 기차가 얼마나 자주 있어요?
❹ **How often** do you go shopping? 쇼핑은 얼마나 자주 가요?
❺ **How often** do you hear from him? 얼마나 자주 그의 소식을 듣습니까?

Dialogue

A : What's your hobby?
B : I enjoy fishing.
A : 얼마나 자주 낚시를 가세요?
B : I go fishing at least once a week.

A : 취미가 뭐죠?
B : 저는 낚시를 즐깁니다.
A : How often do you go fishing?
B : 적어도 일주일에 한 번은 낚시하러 갑니다.

Exercises

1. How often do the _____ _____ ? 버스는 몇 분마다 떠나요?
2. How often do you _____ _____ ? 야구는 얼마나 자주 해요?
3. How often do you _____ _____ _____ ? 얼마나 자주 영화를 봐요?

Point Tip!

● How often은 '얼마나 자주'라는 뜻으로 'How+부사'의 형태이다. How often을 한 덩어리로 보기 때문에 How often 뒤에는 be동사 혹은 조동사가 올 수 있다.

정답: 1. buses run 2. play baseball 3. see a movie

How soon ~?

언제 ~할 수 있을까요?

Useful Expressions

❶ **How soon** can we leave? 언제 출발할 수 있을까요?
❷ **How soon** can you get it done? 언제쯤 다 될까요?
❸ **How soon** do you expect him back? 그는 언제쯤 들어 오실까요?
❹ **How soon** will I see you again? 당신을 언제 다시 볼 수 있을까요?
❺ **How soon** can you squeeze me in? 얼마나 빨리 볼 수 있을까요?

Dialogue

A : 언제 끝낼 수 있어요?
B : I don't know. It's a lot of work.
A : Hurry up, please.
B : Okay, hang on.

A : **How soon can it be done?**
B : 모르겠어요. 일이 워낙 많거든요.
A : 서둘러 주세요.
B : 알았어요. 기다려요.

Exercises

1. How soon will we _____ _____? 우리가 그곳에 언제 도착할 수 있을까요?
2. How soon can I _____ them up? 언제 그것을 찾아 갈수 있을까요?
3. How soon will this letter _____ _____? 서울에 이 편지가 언제쯤 도착할까요?

Point Tip!
● **How soon**은 '얼마나 자주'라는 뜻으로 '**How**+부사'의 형태이다. **How soon**을 한 덩어리로 보기 때문에 **How soon** 뒤에는 be동사 혹은 조동사가 올 수 있다.

정답. 1. get there 2. pick 3. reach Seoul

Unit 30. Have you...?

have는 다양한 의미의 일반동사로 쓰이거나, 조동사로서 완료형에 쓰인다. 완료형의 의문문은 'Have you+p.p.(과거분사)'의 형태이다. 현재완료란 현재를 포함한 과거를 말하는 것인데 완료, 경험, 계속, 결과의 4가지 의미가 있다. 능동태는 have+p.p.로 표현하고, 수동태는 have been+p.p.로 표현한다.

◎ Basic Expressions

① **Have you** got a minute? — 시간 있어요?
② **Have you** got any envelopes? — 봉투 좀 있어요?
③ **Have you** got any plans for next week? — 다음주에 뭐 계획 있어요?
④ **Have you** been served? — 주문하셨습니까?
⑤ **Have you** ever been to a party? — 파티에 가본 적 있어요?
⑥ **Have you** seen the movie 'Love Letter'? — 영화 '러브레터' 봤어요?

pattern 134 Have you got ~?

~있어요?

Useful Expressions

1. **Have you got** a car? — 차를 가지고 있어요?
2. **Have you got** any wine? — 포도주 있습니까?
3. **Have you got** a pain in your chest? — 가슴에 통증이 있나요?
4. **Have you got** any friends in New York? — 당신은 뉴욕에 친구들이 있나요?
5. **Have you got** a minute to spare? — 잠깐만 시간 좀 내줄 수 있어요?

Dialogue

A : What seems to be the trouble?
B : I think I have the flu.
A : 기침하세요?
B : No, I haven't got a cough.

A : 어디가 아프세요?
B : 유행성 독감에 걸린 것 같습니다.
A : **Have you got a cough?**
B : 아뇨, 기침은 하지 않아요.

Exercises

1. Have you got a _____? — 신문을 가지고 있어요?
2. Have you got _____ _____ _____ _____? — 두 사람 자리(테이블) 있나요?
3. Have you got any money _____ _____ _____? — 표를 살만한 돈이 있어요?

Point Tip!

● 구어체에서, 특히 영국에서는 have가 소유나 의무를 나타낼 때 have 대신 have got을 쓴다. 단, have가 완료의 조동사로 쓰일 때에는 have got으로 바꾸어 쓸 수 없다. 정리하자면 미국에서는 Do you have...? 영국에서는 Have you got...?이란 표현을 많이 사용한다.

정답: 1. newspaper 2. a table for two 3. for a ticket

pattern 135 Have you ever+p.p ~?
~해본 경험 있어요?

Useful Expressions

❶ **Have you ever** loved someone? 누굴 사랑해본 적 있어요?
❷ **Have you ever** been to Paris? 파리에 가본 적 있어요?
❸ **Have you ever** tried Korean food? 한국 음식을 먹어본 적 있어요?
❹ **Have you ever** taken his class before? 전에 그의 수업을 들은 적 있어요?
❺ **Have you ever** done any composing? 작곡해본 적 있어요?

Dialogue

A : How about Korean food for a change?
B : That sounds good.
A : 한국 음식 먹어본 적 있어요?
B : Yes, this is my second time.

A : 기분 전환 겸 한국 음식이 어때요?
B : 좋아요.
A : Have you ever eaten Korean food?
B : 네, 이번이 두 번째예요.

Exercises

1. Have you ever _____ this book? 이 책을 읽어본 적 있어요?
2. Have you ever _____ baseball? 야구해본 적 있어요?
3. Have you ever _____ Chinese? 중국어를 공부하신 적 있어요?

Point Tip!

● Have you ever+p.p...?는 과거에 무언가를 경험해 본 적이 있는지 묻는 경험의 현재완료 용법 의문문이다. '경험'의 의미를 강조하기 위해서 ever나 before와 같은 부사를 붙여 표현한다. 따라서 ever 뒤에는 반드시 과거분사(p.p.)를 써야 한다.

정답. 1. read 2. played 3. ever studied

 Have you seen ~?

~을 본 적 있어요?

Useful Expressions

❶ **Have you seen** her today? — 오늘 그녀를 봤어요?
❷ **Have you** ever **seen** a rainbow? — 무지개를 본 적 있어요?
❸ **Have you** ever **seen** the Eiffel Tower? — 에펠탑을 본 적 있어요?
❹ **Have you seen** the Picasso exhibition? — 피카소 전시회 봤어요?
❺ **Have you seen** me go back on my word? — 제가 언제 빈말 하는 것 보셨어요?

Dialogue

A : 최근에 영화 본 적 있어?
B : Yes, I saw a very good one last week.
A : What's the title of the movie?
B : *The Lord of the Rings*.

A : Have you seen any movies lately?
B : 어, 지난주에 아주 좋은 영화 한 편을 봤어.
A : 영화 제목이 뭔데?
B : 반지의 제왕.

Exercises

1. Have you ever seen _____ _____ ? — 귀신을 본 적 있어요?
2. Have you seen _____ _____ ? — 최근에 그녀를 본 적 있어요?
3. Have you _____ _____ _____ before? — 전에 내 남자친구 본 적 있어요?

Point Tip!

● 현재완료 용법의 구분은 문맥의 흐름을 이해하다 보면 자연스레 알 수도 있지만 특정 단어들에 의해 구분되기도 한다. 경험적 용법은 once, twice, three times, many times, before, ever 등의 단어들과 함께 쓰인다.

정답: 1. a ghost 2. her recently 3. seen my boyfriend

pattern 137 — Have you heard about / of ~?

~에 대해 들었어요?

Useful Expressions

❶ **Have you heard of** it? — 그것에 대해 들었어요?
❷ **Have you heard of** e-pals? — 이메일 친구에 대해 들어봤어요?
❸ **Have you heard of** this song? — 이 노래에 대해 들었어요?
❹ **Have you heard about** his success? — 그의 성공에 대해 들었어요?
❺ **Have you** ever **heard of** shopping on-line? — 인터넷 쇼핑에 대해서 들어봤어요?

Dialogue

A : 그 소문에 대해서 들은 적 있어?
B : No, what?
A : Our company is going to go out of business next month.
B : Incredible!

A : **Have you ever heard about the rumor?**
B : 아니, 뭔데?
A : 우리 회사가 다음 달에 파산한대.
B : 그럴 리가!

Exercises

1. Have you heard of _____ _____ ? — 이 책에 대해 들어봤어요?
2. Have you heard about _____ _____ ? — 그 문제에 대해 들었어요?
3. Have you heard about the _____ _____ ? — 새 프로그램에 대해서 들었어요?

Point Tip!

● 믿을 수 없는 얘기를 들었을 때 부정이나 거부의 표현으로 '설마' '말도 안돼!' '그럴 리가!' '믿을 수 없어.'라는 의미로 'Incredible!' 'It can't be.' 'It can't be true.' 'You're kidding!' 등을 쓸 수 있다.

정답: 1. this book 2. the problem 3. new program

part 03

영어회화를 위한 필수 패턴

Unit 31 ● I have...
Unit 32 ● I have + p.p...
Unit 33 ● I must...
Unit 34 ● I will...
Unit 35 ● I'd like...
Unit 36 ● I would...
Unit 37 ● had better
Unit 38 ● You should...
Unit 39 ● Let me...
Unit 40 ● Let's...
Unit 41 ● I never...
Unit 42 ● I wonder...
Unit 43 ● It seems...
Unit 44 ● 오감동사
Unit 45 ● If you...
Unit 46 ● take
Unit 47 ● mean
Unit 48 ● get

"I have..."

Unit 31. I have...

have는 그 쓰임새가 매우 다양한 동사인데, 크게 두 가지로 나누어 일반동사로서의 have와 조동사로서의 have로 나눌 수 있다. 일반동사일 때의 have는 주로 '~을 가지고 있다' '먹다' 라는 뜻으로 쓰이며, 'I have+명사...' 의 형태로 표현한다. 또한 '~해야만 한다' 는 표현으로 must 대신 'I have to...' 와 'I've got to...' 를 쓸 수 있다.

◎ Basic Expressions

1. I have a cell phone. — 나는 핸드폰이 있습니다.
2. I have two sisters. — 나에게 자매가 둘 있습니다.
3. I have another idea. — 저에게 다른 의견이 있습니다.
4. I have no special reason. — 특별한 이유는 없습니다.
5. I have a cold. — 감기에 걸렸습니다.
6. I have a stomachache. — 배가 아픕니다.

I have+명사 ~

~을 가지고 있다 / 먹다

Useful Expressions

❶ **I have** a reservation. 예약을 했습니다.
❷ **I have** another appointment. 선약이 있습니다.
❸ **I have** a terrible headache. 머리가 심하게 아픕니다.
❹ **I have no** particular hobbies. 전 특별한 취미가 없습니다.
❺ **I had** dinner at home this evening. 오늘은 집에서 저녁을 먹었습니다.

Dialogue

A : Tell me about your family, please.
B : My family has five members.
A : Do you have any siblings?
B : Yes, 두 명의 남자 형제가 있습니다.

A : 가족이 어떻게 됩니까?
B : 우리 식구는 다섯입니다.
A : 형제가 있습니까?
B : 네, **I have two brothers.**

Exercises

1. I _____ a fever and a cough. 열이 있고 기침이 납니다.
2. I _____ sandwiches for lunch. 나는 점심에 김밥과 샌드위치를 먹었다.
3. I _____ _____ plans after graduation. 졸업 후의 계획은 아직 없습니다.

Point Tip!

● have가 일반동사로 쓰였을 때 '~을 가지고 있다', '~이 있다', '~을 먹다'라는 뜻 이외에 질병에 관한 표현에도 have동사를 사용한다. 일반동사일 때 과거형은 had, 3인칭 현재 단수는 has, 부정은 have no, have not으로 표현한다.

정답: 1. have 2. had 3. have no

pattern 139 I have to ~

~을 해야만 합니다

Useful Expressions

1. **I have to** go now. 이제 가봐야겠어요.
2. **I have to** work off weight. 몸무게를 줄여야겠어요.
3. **I have to** make a decision. 저는 결정을 해야 합니다.
4. **I have to** make the deadline. 마감시간에 맞추어야 합니다.
5. **I have to** get rid of this stress. 저는 스트레스 좀 풀어야 해요.

Dialogue

A : I'm sorry, but 약속을 취소해야겠는데요.
B : What's up?
A : I was asked to attend an extraordinary meeting.
B : Well, it can't be helped.

A : 미안하지만 I have to cancel my appointment.
B : 무슨 일인데요?
A : 긴급회의에 참석해 달라는 요청을 받았거든요.
B : 그럼, 어쩔 수 없지요.

Exercises

1. I have to _____ here. 저는 여기서 갈아타야 합니다.
2. I have to _____ _____ _____ . 저는 선택을 해야 합니다.
3. I have to work _____ . 저는 초과 근무를 해야 합니다.

Point Tip!

● have to는 '~해야만 한다'는 뜻의 must와 같은 표현이다. 실제 구어에서는 must보다 have to가 많이 쓰인다. have to는 must보다 객관적인 사정에 의한 필요를 나타내는 데에 알맞고 어법도 부드럽다. must로 표현하면 의무성이 좀더 강해진다.

정답: 1. transfer 2. make a choice 3. overtime

pattern 140 You have to ~

당신은 ~해야 돼요

Useful Expressions

1. **You have to** help me. — 꼭 도와 주셔야만 해요.
2. **You have to** pay in advance. — 선불을 내셔야 해요.
3. **You have to** have basic morals. — 최소한의 예의는 지켜야 돼요.
4. **You have to** wear formal clothes. — 격식에 맞는 옷차림을 해야 돼요.
5. **You have to** spell out your thoughts. — 당신의 생각을 명확히 밝혀야 해요.

Dialogue

A : What's your position?
B : Well, I'm not sure yet.
A : 당신의 생각을 명확히 밝혀야 해요.
B : I'd still like to get a few more opinions.

A : 당신의 입장은 어때요?
B : 글쎄요, 아직은 잘 모르겠습니다.
A : You have to spell out your thoughts.
B : 저는 의견을 좀더 듣고 싶어요.

Exercises

1. You have to _____ this. — 당신은 이것을 극복해야만 해요.
2. You have to _____ about this. — 당신은 이 일을 잊으셔야 해요.
3. You have to _____ _____ _____ by next week. — 다음주까지 이 작업을 끝내야 해요.

Point Tip!

● 앞서도 설명했듯이 **spell out**은 '철자를 말하다' '생략하지 않고 쓰다' '자세히 설명하다' 등의 의미가 있으며, '생각, 의사, 의견 등을 명확히 밝히다'의 의미도 포함된다. 다의어의 경우 문장 내에서의 상황에 따라 적절히 해석되어져야 한다.

정답. 1. overcome 2. forget 3. finish this work.

pattern 141 You don't have to ~

~하지 않아도 돼요

Useful Expressions

❶ **You don't have to** help him. 당신은 그를 도와주지 않아도 돼요.
❷ **You don't have to** be good to me. 내게 잘 대해주지 않아도 돼요.
❸ **You don't have to** go home now. 당신 지금 집에 가지 않아도 돼요.
❹ **You don't have to** look like them. 그들처럼 보이려고 하지 않아도 돼요.
❺ **You don't have to** go to the trouble. 그런 수고까지 하지 않아도 돼요.

Dialogue

A : We're having a party next Saturday. Why don't you come and join us?
B : I'm behind in my work.
A : 바쁘면 오지 않아도 돼요.
B : I'd love to, but let's make it some other time.

A : 다음 주 토요일에 파티를 열려고 해요. 와서 함께 하는 게 어때요?
B : 일이 밀려 있어서요.
A : **You don't have to come if you are busy.**
B : 저도 가고는 싶지만, 다음 기회에 하죠.

Exercises

1. You don't have to _____ a thing. 당신은 하나도 바꾸지 않아도 돼요.
2. You don't have to work _____ _____. 그렇게 늦게까지 일하지 않아도 돼요.
3. You don't have to say _____ _____ _____. 내게 사랑한다고 말하지 않아도 돼요.

Point Tip!

● 긍정문에서는 have to보다 must가 좀더 강한 의미이긴 하지만 해석상 큰 차이가 없는데 반해 부정문에서는 그 차이가 보다 확연히 드러난다. don't have to는 '~하지 않아도 된다'라는 의미이고 must not은 '~하면 안 된다'라는 보다 강압적인 의미이다.

정답: 1. change 2. so late 3. you love me

pattern 142 I've got to ~

~을 해야겠어요 / ~을 해야 해요

Useful Expressions

❶ **I've got to** do something. 뭔가 해야겠어요.

❷ **I've got to** be going now. 이제 가봐야겠어요.

❸ **I've got to** make a phone call. 전화를 걸어야겠어요.

❹ **I've got to** have a part-time job. 아르바이트를 해야겠어요.

❺ **I've got to** go to the post office. 우체국에 가야 해요.

Dialogue

A : Could I see you right now?
B : Oh. What?
A : 당신한테 얘기할 게 좀 있어요.
B : Okay. Can you come my way?

A : 지금 당장 당신을 만날 수 있을까요?
B : 무슨 일인데요?
A : **I've got to talk to you about something.**
B : 좋아요. 당신이 이쪽으로 올래요?

Exercises

1. I've got to _____ _____ . 뭔가 먹어야겠어요.
2. I've got to _____ _____ . 난 그들을 찾아야만 해요.
3. I've _____ _____ _____ _____ and go to bed. 집에 가서 잠을 자야겠어요.

Point Tip!

● **I have**는 **I've**로 줄여 쓸 수 있다. **have**가 소유의 의미로 쓰일 때 **have got**으로 바꿔 쓸 수 있다. 그러나 과거형에서는 **had got**을 쓰지 않으며, 완료형의 조동사로 쓰일 때도 바꿔 쓸 수 없다. **I've got to**는 **I have to**나 **I must**와 같은 의미이며, 구어체에서는 **I've got to**가 더 많이 사용된다.

정답. 1. eat something 2. find them 3. got to get home

"I have+p.p..."

Unit 32. I have+p.p...

완료용법은 just, yet, already, now, recently, this~ 등, 경험적 용법은 ever, never, before, often, once, twice, three times, many times, sometimes, seldom 등, 계속용법은 for, during, since, from, how long, these~ years 등, 결과용법은 '과거에 ~해서 그 결과로 현재 ~하다' 는 개념으로 해석되어 주로 go, come, arrive, buy, sell, give, lose 등이 함께 쓰인다.

◎ Basic Expressions

❶ I've already met him. 나는 이미 그를 만났어요.(완료)
❷ I've just finished this work. 나는 방금 이 일을 끝마쳤어요.(완료)
❸ I've been married for two years. 나는 결혼한 지 2년 됐어요.(계속)
❹ I've heard this song before. 나는 이 노래 전에 들어봤어요.(경험)
❺ I've been to London twice. 나는 런던에 두 번 갔다 온 적이 있어요.(경험)
❻ I've bought the book. 나는 그 책을 사서 지금 가지고 있어요.(결과)

pattern 143 I've been ~

~을 했어요 / 해봤어요 / 해오고 있어요

Useful Expressions

❶ **I've been** expecting you.   당신을 기다리고 있었어요.

❷ **I've been** calling you all day.   하루 종일 전화했었어요.

❸ **I've been** there several times.   난 그곳에 여러 번 가봤어요.

❹ **I've been** looking forward to seeing you.   당신을 뵙고 싶었어요.

❺ **I've been** wondering how you're doing.   그동안 어떻게 지내는지 궁금했어요.

Dialogue

A : Are you married?
B : Yeah, 결혼한 지 5년 됐어요.
A : How many children do you have?
B : I have a son.

A : 결혼했어요?
B : 네, I've been married for five years.
A : 자녀는 몇이나 두셨어요?
B : 아들 하나요.

Exercises

1. I've been there _____.   나는 전에 그곳에 있었어요.
2. I've been _____ of your visit.   방문하실 거라는 연락을 받았어요.
3. I've been under ____ ____ ____ ____ lately.   난 요즘 많은 스트레스를 받고 있어요.

Point Tip!

● have+p.p(과거분사)의 형태로 현재완료시제이다. I've는 I have의 축약형이고, been은 be동사의 과거분사형이며, be+-ing는 현재완료 진행형을 의미한다. 앞서 말했듯이 완료형은 경험, 계속, 완료, 결과의 네 가지 의미로 해석된다.

정답: 1. before 2. informed 3. a lot of stress

 **I've done ~**

~을 다 했어요

Useful Expressions

❶ **I've done** my duty. 나는 임무를 다했어요.
❷ **I've done** that before. 나도 전에 그런 적 있어요.
❸ **I've done** a lot of things wrong. 난 잘못을 많이 저질렀어요.
❹ **I've** already **done** my homework. 이미 숙제 다 했어요.
❺ **I've done** everything I know. 나는 내가 알고 있는 모든 것을 했어요.

Dialogue

A : How long will it take?
B : 그거 벌써 끝났는데요.
A : Have you already done it? That's quick.
B : We do our best to make our customers happy.

A : 얼마나 걸리겠습니까?
B : I've already done that.
A : 벌써 처리했어요? 굉장히 빠르군요.
B : 저희는 고객을 기쁘게 해드리기 위해 최선을 다합니다.

Exercises

1. I've done this _____. 전에 이것 해봤어요.
2. I've done _____ _____ yesterday. 나는 어제 숙제를 다 마쳤어요.
3. I've _____ done writing my report. 나는 이미 보고서 작성을 끝냈어요.

Point Tip!

● **done**은 **do**의 과거분사로서 '끝낸, 마친'이라는 뜻을 가진 형용사로 쓰였다. 즉 **finished**와 같은 의미이다. 참고로 **be+done**은 일반적인 수동태의 형식이고, **have+done**은 현재완료의 형식이다.

정답. 1. before 2. my homework 3. already

pattern 145 I've heard ~

~에 대해 들었어요

Useful Expressions

❶ **I've heard** you play music.   당신이 음악을 연주한다고 들었어요.

❷ **I've heard** that one before.   전에도 그런 말을 들은 적이 있었어요.

❸ **I've heard** about his trip to Paris.   그의 파리여행에 대해 들었어요.

❹ **I've heard** a lot of great things about you.   당신이 대단하다고 들었어요.

❺ **I've heard** that name somewhere before.   그 이름을 전에 어디선가 들어봤어요.

Dialogue

A : Nice to meet you. I'm George Smith.
B : 말씀 많이 들었어요. I'm honored to meet you.
A : I've been wanting to meet you for a long time, too.
B : Here's something for you.

A : 만나서 반가워요. 전 조지 스미스예요.
B : **I've heard a lot about you.** 만나 뵙게 되어 영광입니다.
A : 저도 오래 전부터 뵙고 싶었어요.
B : 여기 약소하지만 받아주세요.

Exercises

1. I've heard you _____ _____ .   당신이 볼링을 좋아한다고 들었어요.
2. I've heard you _____ _____ .   당신이 직장을 옮겼다는 얘기를 들었어요.
3. I've heard that it ____ ____ ____ ____ .   시간이 오래 걸린다고 들었어요.

Point Tip!

● **Here's something for you.**는 상대방에게 선물을 줄 때 쓸 수 있는 겸양의 표현이다. 비슷한 표현으로는 This is a little something for you. This is not much. This is for you. I have something for you. 등이 있다.

정답 1. like bowling 2. changed jobs 3. takes a long time

pattern 146 최상급+I've ever p.p. ~

내가 지금까지 ~한 것 중 최고예요

Useful Expressions

❶ He's **the nicest** man **I've ever met**. 그는 내가 지금까지 만난 중에 가장 멋진 사람이에요.
❷ This is one of **the best** books **I've ever read**. 이건 지금껏 읽었던 책 중 최고예요.
❸ This is one of **the best** trips **I've ever been** on. 이번이 지금껏 해본 여행 중 최고예요.
❹ It was **the worst** mistake that **I've ever made**. 그것은 내가 한 중에 가장 나쁜 실수였어요.
❺ That's **the most** boring film that **I've ever seen**. 내가 본 중에서 가장 지루한 영화예요.

Dialogue

A : Have you seen the movie *The Lord of the Rings*?
B : Yes, I've seen it twice.
A : What do you think of the movie?
B : 그 영화는 내가 지금까지 본 영화 중 가장 재미있는 영화예요.

A : 영화 '반지의 제왕' 봤어요?
B : 그럼요. 두 번이나 봤는걸요.
A : 그 영화 어떻게 생각해요?
B : The movie is the funniest movie I've ever seen.

Exercises

1. That's _____ _____ thing I've ever seen. 내가 본 것 중에 가장 불쾌한 일이예요.
2. The movie is _____ _____ that I've seen. 그 영화는 지금까지 본 중에 가장 나쁜 것이다.
3. She's _____ _____ _____ _____ I've ever seen. 그녀는 내가 지금까지 본 중에 가장 예쁜 소녀예요.

Point Tip!

● '주어+동사+the+형용사의 최상급+명사+I've ever p.p.' 의 형태로 '지금까지 ~한 것 중 최고이다' 라는 뜻이다. 언뜻 보면 복잡해 보이지만 구조만 알면 그리 어렵지 않게 응용할 수 있다.

정답. 1. the grossest 2. the worst 3. the most beautiful girl

I've never+p.p ~

나는 ~해 본 적이 없어요

Useful Expressions

① **I've never played** golf. 난 골프를 쳐본 적이 없어요.
② **I've never seen** him before. 난 그를 본 적이 한 번도 없어요.
③ **I've never thought** about that. 난 그것에 대해 생각해 본 적이 없어요.
④ **I've never seen** such a long face. 난 그렇게 실망한 얼굴은 본 적이 없어요.
⑤ **I've never read** a more stirring story. 난 이렇게 감동적인 책을 읽어 본 적이 없어요.

Dialogue

A : Do you like Korean food?
B : 먹어보지 않아서 모르겠어요.
A : You should give it a try.
B : OK. Why don't we try it?

A : 한국 음식 좋아하세요?
B : I don't know. I've never tried it.
A : 한번 드셔볼 만해요.
B : 좋아요. 그것을 먹어볼까요?

Exercises

1. I've never _____. 나는 담배를 피워본 적이 없어요.
2. I've never _____ to Paris before. 파리에 가본 적이 한 번도 없어요.
3. I've never _____ you like this before. 난 당신의 이런 모습을 전에는 본 적이 없어요.

Point Tip!

● **never**는 현재완료 중 경험적 용법에 사용되는 단어이다. **ever**, **often**, **never** 등의 부사는 횟수를 나타내고 있어 이들을 빈도부사라 하는데, 빈도부사들이 현재완료와 함께 쓰이면 경험적 용법이 되는 것이다.

정답. 1. smoked 2. been 3. seen

I haven't ~

~하지 못했어요 / 않았어요

Useful Expressions

❶ **I haven't** seen you in ages.   오랫동안 당신을 뵙지 못했네요.

❷ **I haven't** read the book yet.   난 아직 그 책을 읽지 못했어요.

❸ **I haven't** done anything wrong.   난 아무 잘못도 하지 않았어요.

❹ **I haven't** seen much of you lately.   요즘 당신 보기 힘들군요.

❺ **I haven't** been able to sleep even a wink.   난 잠시도 눈을 붙일 수가 없었어요.

Dialogue

A : Have you been served?
B : No, 아직 결정하지 못했습니다. Is there any special menu for today?
A : Yes. Today's special is Roast Lamb, ma'am.
B : Okay. I will have that.

A : 주문하셨습니까?
B : 아니오, **I haven't decided yet.** 오늘의 특별 메뉴가 있습니까?
A : 네. 오늘의 특별요리는 구운 양고기입니다 손님.
B : 좋아요. 그것으로 하겠습니다.

Exercises

1. I haven't _____ _____ .   난 아직 먹지 못했어요.
2. I haven't _____ _____ _____ yet.   난 아직 그 영화 못 봤어요.
3. I haven't seen him _____ _____ _____ _____ .   오랫동안 그를 못 봤어요.

Point Tip!

● **have not**은 현재완료의 부정으로 **haven't**로 축약할 수 있다. **have**가 반드시 완료시제의 조동사로 쓰였을 때 'I haven't+p.p...'로 부정문을 만들 수 있고, 일반동사로 쓰였을 때는 **don't have** 형태가 된다.

정답: 1. eaten yet 2. watched the movie 3. for a long time

Unit 33. I must...

must는 have to와 비슷한 의미로 의무성이 보다 강한 조동사이다. '주어+must+동사원형'의 형태로 '~을 해야 한다'는 뜻이다. 미래형과 과거형은 have to를 빌려와 had to(과거)와 will have to(미래)의 형태로 표현한다. 또한 '주어+must be...'는 '~임에 틀림없다'라는 추측의 의미를 가지며, 주로 2인칭이나 3인칭을 주어로 하여 사용된다.

◎ Basic Expressions

❶ I must go now.   나 이제 가야 해요.
❷ You must work hard.   당신은 열심히 일해야 해요.
❸ You must not go in there.   거기 들어가면 안돼요.
❹ You must be tired.   피곤하겠군요.
❺ You must be so happy.   기분 좋겠군요.
❻ You must be kidding.   농담이군요.

pattern 149 I must+동사 ~

나는 ~을 해야만 해요

Useful Expressions

❶ I must do it.
나는 그것을 해야만 해요.

❷ I must study hard.
나는 열심히 공부해야만 해요.

❸ I must set about my work at once.
나는 당장 일을 시작해야 해요.

❹ You must get rid of your bad habit.
당신은 나쁜 습관을 없애야 해요.

❺ You must learn it some time or other.
당신은 조만간 그것을 배워야 해요.

Dialogue

A : How about drinking tonight?
B : 고맙지만, 가봐야 해요.
A : So, how about tomorrow?
B : All right.

A : 오늘밤 한잔 어때요?
B : Thanks, but I must be going now.
A : 그러면 내일은 어때요?
B : 좋아요.

Exercises

1. We must _____ _____. 우리는 금연을 해야만 해요.
2. You must _____ _____ _____. 당신은 최선을 다해야 해요.
3. I must _____ _____ the work for myself. 나는 내 스스로 그 일을 수행해야 한다.

Point Tip!

● must와 have to는 같은 표현이지만 must가 의무성이 좀더 강한 분명한 차이가 있다. 참고로 get rid of(는 '제거하다, 없애다'의 뜻, some time or other(= sooner or later)는 '조만간' 이라는 뜻, carry out은 '실행하다, 수행하다'의 뜻이다.

정답: 1. stop smoking 2. do your best 3. carry out

pattern 150 — You must be ~

당신은 ~하겠군요

Useful Expressions

❶ **You must be** very popular.   인기가 대단하겠군요.
❷ **You must be** my new neighbors.   당신들은 나의 새 이웃이군요.
❸ **You must be** tired after your long flight.   장시간의 비행으로 피곤하겠군요.
❹ **You must be** crazy to do such a thing.   그런 짓을 하다니 미쳤군요.
❺ **You must be** cold in that thin shirt.   그렇게 얇은 셔츠를 입었으니 춥겠군요.

Dialogue

A : Did you eat?
B : Not yet. I was too busy to eat lunch.
A : 배고프겠구나. Can I get you some cake?
B : Yes, please.

A : 밥 먹었어?
B : 아니 아직. 너무 바빠서 점심을 먹을 수가 없었어.
A : **You must be so hungry.** 케이크 좀 가져다줄까?
B : 어, 부탁해.

Exercises

1. You must be _____ _____ .   당신은 거짓말쟁이가 틀림없어요.
2. You must be _____ _____ .   당신은 틀림없이 아주 건강할 거예요.
3. You must be _____ after the long drive.   오랫동안 운전해서 피곤하겠군요.

Point Tip!

● must는 의무의 뜻 외에도 '~임에 틀림없다' '분명히 ~일 것이다'와 같이 단정적인 추측의 의미도 가지고 있다. 이때에는 have to와 바꿔 쓸 수 없음에 유의해야 한다. must와 have to를 바꿔 쓸 수 있는 경우는 '~해야만 한다'는 의무의 뜻일 때만 가능하다.

정답. 1. a liar 2. very healthy 3. tired

pattern 151 must have+p.p.

틀림없이 ~했을 거예요

Useful Expressions

❶ He **must have been** hungry. — 그는 배가 고팠음에 틀림없어요.
❷ He **must have been** a painter. — 그는 화가였던 게 틀림없어요.
❸ That **must have been** quite a trip. — 정말 굉장한 여행이었겠군요.
❹ I **must have been** out of my mind. — 내가 정신이 나갔었던 게 틀림없어요.
❺ She **must have forgotten** this. — 그녀는 틀림없이 이걸 잊어버렸을 거예요.

Dialogue

A : Would you check again? I'm sure I have a reservation.
B : I'm sorry, sir. We don't have a reservation in your name.
A : I've already paid a deposit. Here is my confirmation.
B : Hold on, please. 뭔가 실수가 있었던 것 같습니다. Let me check.

A : 다시 한번 확인해 주시겠어요? 분명히 예약했습니다.
B : 죄송합니다. 선생님의 성함으로는 예약이 되어 있지 않습니다.
A : 이미 예치금을 냈습니다. 여기 확인증입니다.
B : 잠시만 기다려 주세요. **There must have been a mistake.** 확인해보겠습니다.

Exercises

1. It must have _____ _____ . — 그건 사랑이었던 게 틀림없어요.
2. He must have _____ _____ _____ . — 그는 그 소식을 틀림없이 들었을 거예요.
3. There must have been _____ _____ . — 소매치기가 있었음에 틀림없어요.

Point Tip!

● 과거 사실에 대한 강한 추측은 '주어+must have+p.p...'의 형태로 표현한다. 형태상 현재완료시제의 모양과 비슷하여 착각할 수도 있겠으나, 여기서는 have+p.p.가 단순히 조동사의 과거형으로 쓰인 것이므로 헷갈리지 않도록 유의하자.

정답: 1. been love 2. heard the news 3. a pickpocket

"I will..."

Unit 34. I will...

will은 무엇을 하겠다는 강한 의지를 나타내는 의지미래와 미래형 조동사로서의 단순미래로 그 쓰임이 두 가지이다. I will...의 형태는 대개 의지미래의 표현이고, will 뒤에는 반드시 동사원형이 와야 한다. 의지미래는 '~할 것이다(예정이다)', 단순미래는 '~하게 될 것이다'의 의미이다. I will은 I'll로 줄여서 쓸 수 있고, 부정형인 will not은 won't로 줄여서 쓸 수 있다.

◎ Basic Expressions

❶ I'll be there.   내가 그쪽으로 갈게요.
❷ I'll do my best.   최선을 다할게요.
❸ I'll pick up the tab.   내가 계산할게요.
❹ I'll call you later.   나중에 전화할게요.
❺ I'll take your advice to heart.   충고 명심할게요.
❻ I'll treat you to a drink.   내가 한잔 살게요.

pattern 152 I'll get ~

내가 ~할 게요

Useful Expressions

❶ **I'll get** the tickets. 티켓은 제가 준비할게요.
❷ **I'll get** back to you. 다시 전화 드릴게요.
❸ **I'll get** right to the point. 바로 요점만 말씀드릴게요.
❹ **I'll get** there on my own. 내가 직접 그 쪽으로 갈게요.
❺ **I'll get** something worked out. 내가 해결방법을 강구할게요.

Dialogue

A : 이걸로 할게요. How much is it?
B : $15 with tax.
A : Can I pay by check?
B : I'm sorry. We accept cash only.

A : **I'll get this one.** 얼마죠?
B : 세금 포함해서 15달러입니다.
A : 수표로 지불해도 되죠?
B : 죄송합니다. 저희는 현금만 받습니다.

Exercises

1. I'll get it done _____ _____ . 시간 정확히 지킬게요.
2. I'll _____ _____ at the next stop. 다음 정거장에서 내릴 거예요.
3. I'll get _____ _____ _____ book. 나는 제일 비싼 책을 살 거예요.

Point Tip!

● **get**은 워낙 다양한 쓰임새를 가지고 있어 문맥에 따라 여러 가지로 해석이 가능하다. 주로 많이 쓰이는 '얻다, 획득하다, 갖게 되다, 받다, 벌다' 등의 소유의 의미로부터 '되게 하다, 하게 하다' 등의 사역의 의미에 이르기까지 매우 다양하다.

정답. 1. on time 2. get off 3. the most expensive

pattern 153 I'll have ~

저는 ~을 주세요 / ~ 먹을래요

Useful Expressions

❶ **I'll have** the same. 같은 걸로 주세요.

❷ **I'll have** my usual. 내가 늘 먹던 걸로 주세요.

❸ **I'll have** toast and coffee. 토스트와 커피를 주세요.

❹ **I'll have** whatever you recommend. 당신이 추천해 주는 것을 먹을래요.

❺ **I'll have** some ice cream for dessert. 디저트로 아이스크림을 주세요.

Dialogue

A : How about a drink before dinner?
B : Okay. What kind of drinks do you have?
A : We have wine and beer.
B : 맥주로 주세요.

A : 밥 먹기 전 한잔 어때요?
B : 좋습니다. 술은 어떤 종류가 있어요?
A : 와인과 맥주가 있습니다.
B : I'll have a beer, please.

Exercises

1. I'll have _____ _____ . 닭요리로 주세요.
2. I'll have _____ _____ _____ . 야채샐러드로 주세요.
3. I'll have _____ _____ . 오늘의 특별 요리로 먹을래요.

Point Tip!

● **I'll have**는 식당에서 음식을 주문할 때 쓸 수 있는 표현이다. **I'd like**와 바꾸어 쓸 수 있다. 또한 구어에서는 '먹다' 라는 의미의 단어를 **eat**보다 **have**로 더 많이 사용하고 있다. 참고로 **I'll have my usual.**은 '늘 먹던 대로 주세요' 라는 뜻으로 단골식당에서 쓸 수 있는 표현이다.

정답: 1. the chicken 2. a vegetable salad 3. today's special

pattern 154 You'll have to ~

당신은 ~해야 할 거예요

Useful Expressions

❶ **You'll have to** step on it. 　당신 좀 서둘러**야** 할 거예요.
❷ **You'll have to** talk to him. 　당신은 그와 얘기**해야** 할 거예요.
❸ **You'll have to** change subways. 　당신은 지하철을 바꿔 타**야** 할 거예요.
❹ **You'll have to** come and see us soon. 　조만간에 오셔서 저희를 또 봐**야** 할 거예요.
❺ **You'll have to** go to school for a long time. 　당신은 오랫동안 공부를 **해야만** 할 거예요.

Dialogue

A : The computer is down.
B : Oh, I hope you saved your data.
A : What do I do to fix this, then?
B : **시스템을 재부팅해야 할 거예요.**

A : 컴퓨터가 다운됐어요.
B : 오, 자료를 저장해 놓았기를 바래요.
A : 고치려면 어떻게 해야 합니까?
B : **You'll have to reboot the system.**

Exercises

1. You'll have to _____ _____ him forever. 　당신은 그를 영원히 **기다려야** 할 거예요.
2. You'll have to _____ _____ it someday. 　당신은 언젠가 그것에 대해 **책임져야** 할 거예요.
3. You'll have to _____ three days for that job. 　그 일을 하는 데 사흘은 **잡아야** 할 거예요.

Point Tip!

● 미래동사 **will**에 **You have to**(당신은 ~해야만 한다)의 구문이 합쳐진 형태이다. 따라서 여기에서의 **will**은 의지미래가 아니라 주어의 의지가 없는 단순미래로 쓰인다.
　참고로 **step on it**은 '급히 서두르다'의 뜻이고, **answer for**는 '책임지다'의 뜻이다.

정답: 1. wait for 2. answer for 3. allow

202 Part 3

I'll check ~

~을 제가 알아볼게요

Useful Expressions

1. **I'll check** for you. — 제가 확인해 드릴게요.
2. **I'll check** if it's okay. — 상황이 괜찮은지 알아볼게요.
3. **I'll check** the show times. — 제가 상영 시간을 확인해 볼게요.
4. **I'll check** with my boss. — 제가 사장님께 확인해 볼게요.
5. **I'll check** if he's in the office. — 그가 지금 사무실에 있는지 알아볼게요.

Dialogue

A : When is the most convenient time for you?
B : 이번 주 저의 스케줄을 확인해 볼게요. I don't have any plans on Wednesday.
A : Okay. Let's make it at 7 o'clock.
B : All right. See you then.

A : 가장 편한 시간이 언제지요?
B : **I'll check my schedule for this week.** 수요일에는 특별한 계획이 없네요.
A : 좋아요. 7시에 약속하기로 하지요.
B : 좋아요. 그때 봐요.

Exercises

1. I'll check _____ _____. — 제 잔고를 확인해 볼게요.
2. I'll check and _____ _____ _____ shortly. — 알아보고 나서 곧 통보해 드릴게요.
3. I'll check if he's _____ _____ on the project. — 그가 일을 끝냈는지 알아볼게요.

Point Tip!

● 무언가를 점검하고 확인하는 것을 check라고 하는데, 그 적용범위가 매우 넓어 출석을 check하거나 의사가 환자의 상태를 check하거나 물건값을 지불하기 위해 check하거나 우편물을 check하거나 영화시간표나 TV프로그램, 기차시간표 등을 check할 때 모두 이 단어를 쓸 수 있다.

정답: 1. my balance 2. let you know 3. finished working

I'll take care of ~

~은 내가 처리할게요 / 돌봐줄게요

Useful Expressions

① **I'll take care of** her. 그녀는 제가 돌볼게요.
② **I'll take care of** it. 그 문제는 내가 처리할게요.
③ **I'll take care of** the rest of it. 나머지는 제가 처리해 드릴게요.
④ **I'll take care of** you if you're sick. 당신이 아프면 내가 보살펴 줄게요.
⑤ **I'll take care of** this disagreement. 이견조정은 내가 할게요.

Dialogue

A : Give me the bill.
B : No, 내가 계산할게.
A : You treated me last time. It's my turn.
B : The bill was too high. Let's go half and half.

A : 계산서 이리 줘.
B : 아냐, I'll take care of the check.
A : 지난번에 네가 계산했잖아. 이번엔 내 차례야.
B : 너무 많이 나왔어. 반반씩 계산하지.

Exercises

1. I'll take care of _____. 내가 당신을 잘 보살펴 줄게요.
2. I'll take care of _____. 당신의 개는 내가 돌봐줄게요.
3. I'll take care of it _____. 그건 내가 알아서 해결할게요.

Point Tip!

- take care of는 '~을 돌보다'의 뜻도 있지만 '~을 처리하다, 책임지다'라는 뜻도 있다. rest 역시 '휴식'이라는 뜻도 있지만, '나머지, 잔여, 여분' 등의 뜻이 있으므로 해석은 글의 문맥에 따라 제대로 선택해야 한다. 여기서 the rest of~ 는 '~의 나머지'라는 뜻이다.

정답. 1. you 2. your dog 3. by myself

pattern 157 Will you ~?

~해 줄래요? / ~할래요?

Useful Expressions

❶ **Will you** marry me? 나랑 결혼해 줄래요?
❷ **Will you** explain it again? 다시 한번 설명해 줄래요?
❸ **Will you** speak up, please? 크게 말씀해 주실래요?
❹ **Will you** make out my bill? 계산서를 작성해 줄래요?
❺ **Will you** take me to this address? 이 주소로 좀 데려다 주실래요?

Dialogue

A : May I help you, sir?
B : I'm looking for a gift for my father. 몇 가지 좀 보여 줄래요?
A : Sure. Do you have anything particular in mind?
B : I'd like to see men's cosmetics.

A : 무엇을 도와드릴까요, 손님?
B : 아버지 선물을 찾고 있어요. **Will you show me some things?**
A : 물론이죠. 특별히 마음에 두고 있는 게 있으세요?
B : 남성용 화장품을 보고 싶습니다.

Exercises

1. Will you _____ _____ coffee? 커피 좀 타줄래요?
2. Will you help me _____ _____? 설거지 좀 도와줄래요?
3. Will you _____ _____ one hour this evening? 오늘 저녁에 한 시간만 제게 내주실래요?

Point Tip!

● Will you+동사원형...?의 형태로 무엇을 해달라는 부탁의 의미이거나 어떤 특정한 행동을 촉구하는 의미이다. 좀더 정중하게 표현하고 싶다면 **Would you...?**나 **Could you...?**를 사용하면 된다.

정답: 1. make some 2. wash up 3. spare me

pattern 158 Will that ~?

~하게 될까요?

Useful Expressions

1. **Will that** be all? — 그게 전부입니까?
2. **Will that** be everything? — 다 고르셨습니까?
3. **Will it** rain tomorrow? — 내일 비가 올까요?
4. **Will it** take very long? — 오래 걸릴까요?
5. **Will the letter** go out today? — 오늘 중으로 편지가 나갈까요?

Dialogue

A : 이 항공편은 정시에 출발합니까?
B : Your flight will be delayed.
A : How long will it be delayed?
B : Your flight is 30 minutes late.

A : Will this flight leave on time?
B : 손님이 타실 비행기는 연착되겠습니다.
A : 얼마나 지연됩니까?
B : 손님이 타실 항공편은 30분 지연되고 있습니다.

Exercises

1. Will that be _____ _____ _____ ? — 현금인가요, 카드인가요?
2. Will it be _____ by tomorrow? — 내일까지 준비될까요?
3. Will my flight get off _____ _____ ? — 비행기가 정시에 도착합니까?

Point Tip!

● Will+무생물주어+동사원형...?의 형태로 어떠어떠하게 될는지를 묻는 표현이다. 앞에 의문사 What(무엇을), When(언제), Where(어디에), How(어떻게) 등을 붙이면 보다 구체적인 다양한 표현들이 가능하다.

정답. 1. cash or card 2. ready 3. on time

Unit 35. I'd like...

I'd like는 I would like의 축약형으로 일상생활에서 가장 빈번하게 사용되는 표현이다. 'I'd like+명사' 또는 'I'd like to+동사원형'의 형태로 Would you...? Could you...? 등의 질문에 '~하고 싶다'고 대답할 때 쓸 수 있는 표현이다. I want...와 의미는 비슷하나 그보다 부드러운 표현이고, I like...와 형태는 비슷하나 I like...는 일반적인 기호를 표현하는 것이고, I'd like...는 지금 현재 원하는 바를 표현하는 것이다.

⊚ Basic Expressions

❶ I'd like that.   그렇게 하고 싶어요.
❷ I'd like the same.   같은 걸로 주세요.
❸ I'd like some fruit.   과일 좀 주세요.
❹ I'd like a steak.   비프스테이크를 주세요.
❺ I'd like to see you.   당신을 만나고 싶어요.
❻ I'd like to go shopping.   쇼핑가고 싶어요.

pattern 159 I'd like ~

~를 주세요 / ~를 원합니다

Useful Expressions

❶ **I'd like** another beer. 맥주 한 잔 더 주세요.
❷ **I'd like** this wrapped please. 이것 좀 싸주세요.
❸ **I'd like** a single room. 1인용 방을 원합니다.
❹ **I'd like** a receipt, please. 영수증을 주세요.
❺ **I'd like** this mail registered. 이 편지를 등기로 보내고 싶어요.

Dialogue

A : Can you show me my seat, please?
B : This way, please. It's over there on the aisle.
A : Could I change my seat? 창가 쪽에 앉고 싶은데요.
B : Okay, let me check to see if any seats are available.

A : 제 좌석을 가르쳐 주시겠습니까?
B : 이쪽으로 오십시오. 저기 통로 쪽 좌석입니다.
A : 좌석을 바꿀 수 있을까요? I'd like a window seat.
B : 알겠습니다, 다른 좌석이 있는지 알아보겠습니다.

Exercises

1. I'd like _____ _____ _____ _____ . 물 한 잔 마시고 싶은데요.
2. I'd like a _____ this book. 이 책을 환불해 주세요.
3. I'd like a seat in a _____ section. 금연석을 원합니다.

Point Tip!

● 물이나 커피 등 숫자로 셀 수 없는 명사를 불가산명사라 하는데, 이러한 명사에는 항상 **a glass of, a piece of, a cup of** 등과 같은 단위를 사용한다. 불가산명사는 **bread, money, water, milk, chocolate, coffee, pizza** 등이 있다. 참고로 a cup of coffee, a glass of water와 같이 **glass**는 찬 음료에, **cup**은 뜨거운 음료에 주로 사용한다.

정답. 1. a glass of water 2. refund 3. nonsmoking

pattern 160 I'd like to ~

~하고 싶은데요

Useful Expressions

❶ **I'd like to** rest a little. 저는 좀 쉬고 싶은데요.
❷ **I'd like to** rent a car. 차를 빌리고 싶은데요.
❸ **I'd like to** return this. 이것을 반품하고 싶은데요.
❹ **I'd like to** be your boyfriend. 당신의 남자친구가 되고 싶은데요.
❺ **I'd like to** confirm my reservation. 예약을 확인하고 싶은데요.

Dialogue

A : 수신자부담 전화를 하고 싶은데요.
B : What's the number and party's name?
A : James Brown, three two one oh three four.
B : Hold on a minute, please.

A : **I'd like to make a collect call.**
B : 전화번호와 받는 분 성함을 말씀해 주시겠습니까?
A : 제임스 브라운이고, 32-1034입니다.
B : 끊지 말고 잠시 기다려 주세요.

Exercises

1. I'd like to _____ a watch. 시계를 사고 싶은데요.
2. I'd like to _____ _____ . 체크인하고 싶은데요.
3. I'd like to _____ _____ to my party. 당신을 파티에 초대하고 싶은데요.

> **Point Tip!**
>
> ● **party**라는 단어는 우리가 알고 있는 파티, 사교모임의 뜻 외에 정당, 일행, 당사자, 관계자 등의 뜻이 있다. 식당 입구에서 종업원이 **How large is your party?**라고 한다면 '일행은 몇 분이십니까?'의 뜻이고, **Dialogue**에서와 같이 **What's the number and party's name?**이라고 하면 전화 받을 상대의 이름과 전화번호를 묻는 뜻이다.

정답. 1. buy 2. check in 3. invite you

pattern 161 I'd like to give you ~ 당신에게 ~를 주고 싶어요

Useful Expressions

❶ **I'd like to give you** a little gift.   당신에게 작은 선물을 주고 싶어요.

❷ **I'd like to give you** a bouquet of flowers.   당신에게 꽃다발을 주고 싶어요.

❸ **I'd like to give you** some food for thought.   당신에게 생각의 양식을 좀 주고 싶어요.

❹ **I'd like to give you** a piece of friendly advice.   당신에게 좋은 조언 하나 해 줄게요.

❺ **I'd like to give you** my deepest condolences.   삼가 조의를 표합니다.

Dialogue

A : 이걸 당신에게 선물로 주고 싶어요.
B : Wow! This is beautiful!
A : I'm glad you like it.
B : What a nice surprise! Thank you so much.

A : I'd like to give you this as a present.
B : 와우! 이거 예쁜데요!
A : 마음에 든다니 기뻐요.
B : 깜짝 놀랐어요! 정말 고마워요.

Exercises

1. I'd like to give you _____ _____ .   당신에게 내 사진을 주고 싶어요.
2. I'd like to give you _____ _____ .   당신에게 이 초콜릿을 주고 싶어요.
3. I'd like to give you a _____ present.   당신에게 멋진 선물을 해주고 싶어요.

Point Tip!

● **I'd like to give you my deepest condolences.**는 조문할 때 쓸 수 있는 표현이다. 비슷한 표현으로 **My condolences.** 또는 **I offer my deepest condolences to you.** 등이 있다. 특히 **I'm so sorry to hear that your grandmother had passed away.**(할머니께서 돌아가셨다니 유감입니다.)와 같이 '돌아가시다'라는 뜻으로 **pass away**를 써야 하고, **die**를 쓰지 않도록 주의해야 한다.

정답 : 1. my picture 2. this chocolate 3. wonderful

I'd like to let you know ~

~을 알려 드리고 싶어요

Useful Expressions

❶ **I'd like to let you know** my goals.   내 목표를 알려 드리고 싶어요.

❷ **I'd like to let you know** about my plans.   내 계획을 알려 드리고 싶어요.

❸ **I'd like to let you know** the secret.   비밀을 알려 드리고 싶어요.

❹ **I'd like to let you know** the conclusion.   결론을 알려 드리고 싶어요.

❺ **I'd like to let you know** about her passing.   그녀의 합격을 알려 드리고 싶어요.

Dialogue

A : What did you need to tell me?
B : 제 실험결과를 알려 드리고 싶어서요.
A : Oh, yeah? How was your experiment?
B : It's a lot better than I expected.

A : 나한테 무슨 얘기 하려고 했어요?
B : **I'd like to let you know the outcome of my experiment.**
A : 오 그래요? 실험은 어떻게 됐어요?
B : 예상했던 것보다 훨씬 좋아요.

Exercises

1. I'd like to let you know about _____ _____ .   내 소원을 알려 드리고 싶어요.
2. I'd like to let you know _____ _____ .   우리의 결정을 알려 드리고 싶어요.
3. I'd like to let you know that I _____ your kindness .   당신의 친절에 감사하다는 것을 알려 드리고 싶어요.

Point Tip!

● **let you know**는 직역하면 '당신이 알도록 하겠다' 는 뜻으로 상대방에게 뭔가를 말해주겠다, 알려주겠다는 의미에 **I'd like to** 구문과 결합하여 한층 부드러운 표현이 되었다. 자신이 하고 싶은 말을 정중하게 꺼내기에 적합한 표현이다.

정답. 1. my wish 2. our decision 3. appreciated

pattern 163 I'd like to, but ~

저도 그러고 싶지만~

Useful Expressions

❶ **I'd like to, but** I can't. — 하고 싶은데 할 수가 없어요.
❷ **I'd like to, but** I'm tied up. — 그러고 싶긴 한데 너무 바빠서요.
❸ **I'd like to, but** I have other plans. — 그러고 싶지만 다른 계획이 있어서요.
❹ **I'd like to, but** I won't be able to go. — 가고는 싶지만 갈 수가 없네요.
❺ **I'd like to, but** that's too far from here. — 그러고 싶지만 거긴 너무 멀어서요.

Dialogue

A : Are you busy tonight? If not, can you help me out?
B : I'd like to, but I have a prior engagement at 6.
A : All right. Let me ask Peter to help me.
B : Sorry!

A : 오늘 밤 바빠? 그렇지 않으면 나 좀 도와줄래?
B : 그러고 싶지만 6시에 선약이 있어.
A : 알았어. 피터에게 도와 달라고 할게.
B : 미안!

Exercises

1. I'd like to, but I have another _____. — 그러고 싶지만 다른 약속이 있어서요.
2. I'd like to, but let's make it ___ ___ ___. — 저도 그러고 싶지만, 다음 기회에 하도록 해요.
3. I'd like to, but I have to get home ___ ___. — 그러고 싶지만 지금 바로 집에 가봐야 해서요.

Point Tip!

● 흔히 약속을 promise라고 알고 있지만 실제 우리가 일상적으로 하는 약속은 appointment의 의미이다. promise는 보다 확실한 맹세의 개념이고, appointment는 특정한 시간과 장소에서 누군가와 만나거나 방문하는 약속의 개념이다. 참고로 이 구문에서 I'd like to 대신 강조형인 I'd love to를 사용해도 무방하다.

정답. 1. appointment 2. some other time 3. right now

Unit 36. I would...

would는 will과 비교해서 보다 부드럽고 정중한 표현으로 쓰이는데, will이 능동적 의지의 표현이라면 would는 능동적 의지의 가정이라고 할 수 있다. I will...은 '나는 ~할 것이다' 라고 주어의 강한 의지를 표현하는 데 비해 I would...는 '(아마도) 나는 ~할 것이다' 라는 의미를 내포하고 있다. I'd는 I would의 축약형으로 구어체에서 많이 쓰이는 표현이다.

⊚ Basic Expressions

❶ I'd tell you if I knew.   내가 알았다면 당신한테 말해 줬을 거예요.
❷ I'd do it if I were you.   내가 당신이라면 그걸 했을 거예요.
❸ I'd listen to music while studying.   나는 공부하면서 음악을 듣곤 했어요.
❹ I'd take care of my grandmother.   나는 기꺼이 할머니를 돌봐드렸을 거예요.
❺ I'd appreciate it.   그렇게 해 주시면 감사하겠어요.
❻ I'd rather watch TV.   나는 차라리 TV를 보겠어요.

pattern 164 I'd say (that) ~

아마 ~일 걸요

Useful Expressions

❶ **I'd say** they could do something. 아마 그 사람들은 해결할 수 있을 걸요.

❷ **I'd say that** he's in a lot of trouble. 아마 그는 상당히 곤란한 상황일 걸요.

❸ **I'd say that** the traffic would be heavy. 아마 교통 혼잡이 대단할 걸요.

❹ **I'd say that** the game is pretty much over. 아마 그 게임은 거의 끝났을 걸요.

❺ **I'd say that** she was about sixty years old. 아마 그녀는 60세 가량 되었을 걸요.

Dialogue

A : When is her baby due?
B : 아마 다음주 중일 걸요.
A : What's a good present?
B : There's nothing special that comes to mind.

A : 그녀의 출산일이 언제지요?
B : I'd say sometime next week.
A : 어떤 선물이 좋을까요?
B : 뭐 특별히 생각나는 게 없는데요.

Exercises

1. I'd say that the man would _____ _____ . 아마 그 남자가 그것을 했을 걸요.
2. I'd say that they are in _____ _____ . 아마 그들은 자금난에 빠져있을 걸요.
3. I'd say that we are going to be way _____ _____ . 아마 예산을 초과할 걸요.

> **Point Tip!**
> ● 조동사 would를 이용한 가정법 표현으로, would가 들어가서 보다 부드럽고 정중한 표현이 되었다. would 없이 I say...로 표현하면 단정적인 의미이지만 would와 결합하여 말하는 이의 아마도 그럴 것이라는 추측의 의미를 담고 있다.

정답: 1. do it 2. financial difficulty 3. over budget

I'd appreciate it if ~ ~해 주신다면 감사하겠습니다

Useful Expressions

❶ **I'd appreciate it if** you'd come. 당신이 와주면 고맙겠습니다.
❷ **I'd appreciate it if** you would do so. 그렇게 해주신다면 감사하겠습니다.
❸ **I'd appreciate it if** you'd pay in cash. 현금으로 지불해 주시면 감사하겠습니다.
❹ **I'd appreciate it if** you could help me with this. 이 일을 도와주시면 고맙겠어요.
❺ **I'd appreciate it if** you would turn the light off. 불을 꺼주시면 고맙겠니다.

Dialogue

A : Can I have this delivered?
B : Please write your address here.
A : 그것들을 곧 배달해 주면 고맙겠습니다.
B : All right. I'll do my best.

A : 배달 가능합니까?
B : 주소를 여기에 써 주세요.
A : I'd appreciate it if you could deliver them soon.
B : 알겠습니다. 최선을 다해보죠.

Exercises

1. I'd appreciate it if you would _____ _____ the TV. TV 소리를 줄여주시면 감사하겠습니다.
2. I'd appreciate it if you could give me a _____ _____ . 저를 집까지 태워다 주시면 감사하겠습니다.
3. I'd appreciate it if you wouldn't _____ _____ . 그것을 언급하지 않는다면 감사하겠습니다.

Point Tip!

● 언뜻 보면 감사표현인 것 같지만 이 구문은 정중한 부탁의 표현이다. 구체적인 부탁의 내용은 if 이하에 '주어+동사'의 형태로 표현된다. 그냥 간단히 I'd appreciate it.(그렇게 해 주시면 감사하겠습니다.)라고도 한다.

정답: 1. turn off 2. lift home 3. mention it

I'd rather ~

~하는 게 낫겠어요 / 차라리 ~하겠어요

Useful Expressions

❶ **I'd rather** be alone. 차라리 혼자 있을래요.
❷ **I'd rather** go now. 지금 가는 게 좋겠어요.
❸ **I'd rather** buy this blouse. 이 블라우스를 사는 게 낫겠어요.
❹ **I'd rather** wait for the next train. 다음 기차를 타는 게 낫겠어요.
❺ **I'd rather** give up the marathon. 마라톤을 포기하는 게 낫겠어요.

Dialogue

A : Where are you going?
B : Take me to the Hilton Hotel, please.
A : Let me take care of your luggage.
B : 고맙지만 제가 그냥 들게요.

A : 어디로 모실까요?
B : 힐튼호텔로 가주세요.
A : 제가 짐을 실어 드릴게요.
B : Thank you, but I'd rather keep this with me.

Exercises

1. I'd rather _____ _____ . 차라리 혼자 갈래요.
2. I'd rather _____ _____ to you. 차라리 그걸 당신에게 주겠어요.
3. I'd rather _____ _____ _____ _____ . 호텔에서 묵는 게 낫겠어요.

Point Tip!

● 'I would rather+동사...'의 형태로 선택의 상황에서 어느 한 쪽을 선택하여 '~하고 싶다'는 뜻을 가진다. 상대방의 제안이나 기대와 다르더라도 기분 상하지 않도록 조심스럽게 자신의 선택을 전하고 싶은 경우에 쓸 수 있는 표현이다.

정답. 1. go alone 2. give it 3. stay in a hotel

pattern 167 I'd rather not ~

~하지 않는 게 낫겠어요 / 차라리 ~하지 않겠어요

Useful Expressions

❶ **I'd rather not** go. 난 별로 가고 싶지 않아

❷ **I'd rather not** go to the party. 차라리 파티에 가지 않을래요.

❸ **I'd rather not** do it that way. 난 그렇게 하지 않는 것이 낫겠어요.

❹ **I'd rather not** see her again. 다시 그녀를 보지 않는 게 낫겠어요.

❺ **I'd rather not** go out this evening. 오늘 저녁은 나가지 않는 게 낫겠어요.

Dialogue

A : How about a drink after work?
B : 고맙지만, 안 그러는 게 좋겠어요. I'm coming down with a cold.
A : Take care of yourself. These days there's a bad flu going around.
B : A good rest should cure it.

A : 퇴근 후에 한잔 어때요?
B : Thanks, but I'd rather not. 감기 기운이 있거든요.
A : 조심해요. 요즘 독감이 유행하고 있어요.
B : 푹 쉬고 나면 나을 거예요.

Exercises

1. I'd rather not _____ _____ . 더 먹지 않는 게 낫겠어요.
2. I'd rather not _____ _____ today. 오늘은 그녀를 만나지 않는 게 낫겠어요.
3. I'd rather not _____ _____ _____ _____ . 영화 보러 가지 않는 게 낫겠어요.

Point Tip!

● I'd rather...의 부정형으로 'I would rather+not+동사...'의 형태이다. 이 역시 '~하고 싶지 않다'는 뜻으로 상대방이 기분 상하지 않도록 조심스럽게 의사를 전할 때 쓸 수 있는 표현이다. I'd rather not.(안 그러는 게 낫겠어요)처럼 간단하게 쓰기도 한다.

정답. 1. eat more 2. see her 3. go to the movies

pattern 168 I'd rather ~ than ~

~하느니 차라리 ~하겠어요 / ~보다는 ~가 낫겠어요

Useful Expressions

❶ **I'd rather** die **than** submit. 　굴복하느니 차라리 죽겠어요.
❷ **I'd rather** lose money **than** a friend. 　친구를 잃느니 차라리 돈을 버리겠어요.
❸ **I'd rather** die **than** live in shame. 　수치스럽게 사느니 차라리 죽음을 택하겠어요.
❹ **I'd rather** watch soccer **than** play it. 　축구를 하는 것보다 보는 편이 낫겠어요.
❺ **I'd rather** do this **than** anything else. 　다른 것들을 하느니 차라리 이것을 하겠어요.

Dialogue

A : What a lovely day!
B : Yes, I'm glad it's turned out to be nice.
A : How about going for a swim?
B : 수영보다는 테니스가 낫겠어요.

A : 아주 기분 좋은 날이네요.
B : 네, 날씨가 좋아져서 기뻐요.
A : 수영하러 가는 게 어때요?
B : **I'd rather play tennis than swim.**

Exercises

1. I'd rather stay home than _____ _____ . 　밖에 나가느니 집에 있겠어요.
2. I'd rather _____ _____ than marry him. 　그와 결혼하느니 차라리 독신으로 남겠어요.
3. I'd rather ___ ___ ___ than drive that junk car. 　그 고물차를 타느니 차라리 자전거를 타겠어요.

Point Tip!

● 'I'd rather A than B'의 형태로 'B를 하기보다는 A가 하고 싶다'라는 의미이다. **I'd rather** 뒤에는 반드시 동사원형이 와야 하고, 동사의 비교는 '**동사 than 동사**' 목적어의 비교는 '**명사 than 명사**'의 형태가 되어야 한다.

정답: 1. go out 2. remain single 3. ride a bicycle

Would you rather ~ or ~? ~하는 게 어때요?

Useful Expressions

① **Would you rather** dance or sing? — 춤과 노래 중 어떤 게 더 나아요?
② **Would you rather** have milk or juice? — 우유 마실래요, 주스 마실래요?
③ **Would you rather** fly or take a bus? — 비행기나 버스 중 어느 교통편을 원해요?
④ **Would you rather** leave on Monday or Tuesday? — 월요일과 화요일 중 언제 떠나시겠어요?
⑤ **Would you rather** go to the museum or the library? — 미술관과 도서관 중 어디를 가시겠어요?

Dialogue

A : How about having a game on Sunday?
B : Oh, that's good.
A : Would you rather play basketball or baseball?
B : 농구가 낫겠어요.

A : 이번 일요일 오후에 한 게임 어때요?
B : 오, 그거 좋지요.
A : 농구할래요, 야구할래요?
B : **I'd rather play basketball.**

Exercises

1. Would you rather go out _____ stay home? — 외출할래요, 아니면 집에 있을래요?
2. Would you rather _____ the subway or the taxi? — 지하철과 택시 중 어느 것을 타시겠어요?
3. Would you rather _____ _____ _____ _____ or to the office? — 호텔로 가시겠어요, 사무실로 가시겠어요?

Point Tip!

● 둘 중 하나를 택하도록 하는 정중한 선택의문문 형식이다. 그러나 여기서 **or**를 빼면 **Would you rather...?**가 되어 '~하는 게 어때요?'라는 뜻이 되어 **Would you rather go now?** (지금 가는 게 어때요?)와 같이 정중한 제안의 의미가 된다.

정답: 1. or 2. take 3. go to the hotel

had better

Unit 37.

had better는 충고의 성격이 강한 구문으로 '~하는 것이 더 좋다'라고 해석되어 선택의 의미로 착각하기 쉽지만, 실제로 1인칭인 경우 이외에는 충고와 명령, 은근한 경고가 포함된 매우 강한 표현이다. 따라서 2인칭의 경우 손윗사람이나 가깝지 않은 사람에게는 사용하지 않는 것이 좋다. 일반적으로 1인칭에는 I'd rather를 많이 쓰고, 2인칭에는 You'd better를 쓰는 경우가 많다.

Basic Expressions

❶ I'd better head home. 난 집에 가는 게 낫겠어요.
❷ I'd better find somebody else. 난 다른 사람을 찾는 게 낫겠어요.
❸ I'd better get a refund on it. 난 그것을 환불하는 게 낫겠어요.
❹ You'd better hurry. 당신은 서두르는 게 좋겠어요.
❺ You'd better do your work. 당신은 일하는 게 좋겠어요.
❻ You'd better take a rest. 당신은 좀 쉬는 게 좋겠어요.

pattern 170 You'd better ~

당신은 ~하는 게 좋겠어요 / ~하도록 해요

Useful Expressions

❶ **You'd better** begin at once. — 당장 시작하는 게 좋겠어요.
❷ **You'd better** get used to it. — 거기에 익숙해지는 게 좋겠어요.
❸ **You'd better** leave me alone. — 나 혼자 내버려둬요.
❹ **You'd better** go home in a hurry. — 당신은 서둘러 집에 가는 게 좋겠어요.
❺ **You'd better** start a little earlier. — 조금 일찍 시작하는 게 좋겠어요.

Dialogue

A : Can I offer you advice?
B : Regarding what?
A : 넌 담배를 끊는 게 좋겠어.
B : Maybe I should.

A : 내가 충고해도 될까?
B : 뭔데?
A : **You'd better stop smoking.**
B : 그래야 할 것 같아.

Exercises

1. You'd better _____ your money. — 돈을 절약하도록 해요.
2. You'd better _____ _____ _____ to her. — 그녀에게 전화해서 얘기하는 게 좋겠어요.
3. You'd better _____ _____ exercise. — 규칙적으로 운동을 하는 게 좋겠어요.

Point Tip!

● 흔히 **You'd better take a taxi.**(택시 타는 게 좋겠어)라는 표현을 많이 쓰는데, 이보다는 **You should take a taxi.**라고 쓰거나, 또는 좀 더 공손하게 **I think it would be better for you to take a taxi.**라고 표현하는 게 바람직하다.

정답. 1. save 2. call and talk 3. do regular

pattern 171 You'd better not ~

당신은 ~하지 않는 게 좋겠어요 / ~ 하지 말아야 돼요

Useful Expressions

1. **You'd better not** eat lunch. — 당신은 점심을 먹지 않는 게 낫겠어요.
2. **You'd better not** talk to her. — 그녀한테 말 걸지 않는 게 좋을 걸요.
3. **You'd better not** go to work today. — 오늘은 일하러 가지 않는 게 좋겠어요.
4. **You'd better not** do anything flippant. — 경솔한 짓은 하지 않는 게 좋아요.
5. **You'd better not** be too late for work. — 회사에 너무 늦지 않는 게 좋을 걸요.

Dialogue

A : Are you crying wolf again?
B : Why should I lie to you?
A : 거짓말은 하지 않는 게 좋을 거야.
B : I swear it's not a lie.

A : 또 거짓말 하는 거니?
B : 왜 내가 당신에게 거짓말을 하겠어요?
A : You had better not tell a lie.
B : 맹세하건데 이건 거짓말 아니에요.

Exercises

1. You'd better not read _____ _____ . 만화책을 읽지 않는 것이 좋겠어요.
2. You'd better not join _____ _____ . 그의 팀에 합류하지 않는 편이 낫겠어요.
3. You'd better not tell _____ _____ . 비밀을 말하지 않는 편이 좋을 거예요.

Point Tip!

- 흔히 오류를 범하기도 쉽고 시험에도 자주 출제되는 **had better**의 부정형은 **had better not**이다. **had not better**로 잘못 쓰지 않도록 주의하자.
  참고로 **cry wolf**는 '거짓말하다' 라는 뜻으로, 양치기 소년의 얘기에서 비롯된 관용적 표현이다.

정답: 1. comic books 2. his team 3. the secret

pattern 172 I think you'd better ~

당신은 ~하는 편이 좋을 것 같아요

Useful Expressions

① **I think you'd better** apologize. 당신이 사과하는 게 좋을 것 같아요.
② **I think you'd better** eat regularly. 당신은 규칙적으로 먹는 게 좋을 것 같아요.
③ **I think you'd better** not go this time. 당신은 이번에 가지 않는 게 좋을 것 같아요.
④ **I think you'd better** start a little earlier. 당신이 조금 일찍 출발하는 게 좋을 것 같아요.
⑤ **I think you'd better** see about a new car. 당신이 새 차를 알아보는 게 좋을 것 같아요.

Dialogue

A : How do you feel today?
B : I still don't feel well.
A : 의사에게 진찰을 받아보는 게 좋을 것 같아요.
B : Maybe I will.

A : 오늘은 좀 어떠세요?
B : 여전히 몸이 안 좋아요.
A : **I think you'd better see a doctor.**
B : 그래야겠어요.

Exercises

1. I think you'd better _____ _____ . 당신은 집에 있는 게 좋을 것 같아요.
2. I think you'd better _____ the subway. 지하철 타는 게 좋을 것 같아요.
3. I think you'd better give it a _____ _____ . 당신이 다시 생각해보는 게 좋을 것 같아요.

Point Tip!

● 충고의 성격이 강한 **You'd better**도 **I think**가 만나면 조언의 성격이 되어 훨씬 부드러운 표현이 된다. 참고로 구어에서 종종 **You better**라는 표현을 듣게 되는데 이는 생략하기 좋아하는 미국인들의 습성상 **you had better**에서 **had**를 생략하여 **you better**로 표현한 것이다.

정답. 1. stay home 2. take 3. second thought

pattern 173

We'd better ~

우리 ~하는 게 좋겠어요. / 우리 ~해요

Useful Expressions

❶ **We'd better** sit down.   우리 앉아요.
❷ **We'd better** taste it first.   먼저 맛을 보는 것이 좋겠어요.
❸ **We'd better** take a bus.   버스로 가는 것이 좋겠어요.
❹ **We'd better** go back home.   집으로 돌아가는 게 좋겠어요.
❺ **We'd better** put it to the vote.   투표로 결정하는 게 좋겠어요.

Dialogue

A : I'm so hungry.
B : Me, too. 우리 뭐 좀 먹어요.
A : Okay. What do you want to eat?
B : Anything's all right. It's up to you.

A : 난 너무 배고파요.
B : 나도 그래요. We'd better eat something.
A : 좋아요. 뭐 먹고 싶은 거 있어요?
B : 아무거나 괜찮아요. 당신이 결정해요.

Exercises

1. We'd better _____ _____ .   그들을 도와주는 게 좋겠어요.
2. We'd better go _____ _____ .   즉시 가보는 게 좋겠어요.
3. We'd better see _____ _____ .   무슨 일이 있는지 보는 게 좋겠어요.

Point Tip!

● **You'd better**의 형태에서 주어만 **We**로 바꾼 표현으로 강하게 의견을 제시하는 구문이다. 이 역시 문장 앞에 **I think**를 넣어주면 훨씬 부드러운 어투가 된다. **had better**라고 해서 무조건 '~하는 게 낫다'라고 기계적으로 암기하지 말고 문맥에 따라 자연스럽게 해석하도록 하자.

정답. 1. help them 2. at once 3. what's up

"You should..."

Unit 38. You should...

'~해야 한다' 는 뜻이지만 강제적이거나 의무적이지는 않고 **도덕적, 사회적, 윤리적인** 의미에서의 **해야 한다**' 는 뜻이다. **~해야 돼요' ~하는 게 좋겠어요**' 등으로 해석하면 된다. 비슷한 표현으로 must, have to, ought to 등이 있다. must가 강제성이 가장 강하고, ought to는 should에 가깝다. have to는 의무적이기는 하나 must처럼 무겁지 않고 일상생활의 자잘한 상황에 주로 사용된다.

◎ Basic Expressions

1. **You should** lose weight.   당신은 몸무게를 **빼야 돼요**.
2. **You should** sleep more.   당신은 잠을 좀더 자는 **게 좋겠어요**.
3. **You should** fulfill your duty.   당신은 임무를 완수**해야 돼요**.
4. **You should** work out more.   당신은 운동을 더 **해야 돼요**.
5. **You should** break that bad habit.   당신은 그 나쁜 습관을 없애**야 해요**.
6. **You should** give up smoking and drinking.   당신은 흡연과 음주를 금**해야 해요**.

 You should try ~

~해봐야 해요

Useful Expressions

① **You should try** to eat this.   이걸 먹어 봐야 해요.
② **You should try** to do your best.   당신은 최선을 다해봐야 돼요.
③ **You should try** to speak English.   영어로 말하려고 노력해야 해요.
④ **You should try** to have this necklace.   이 목걸이를 해봐야 해요.
⑤ **You should try** to do that though it is hard.   비록 그게 힘들더라도 시도해봐야 해요.

Dialogue

A : You speak English without an accent.
B : I lived in America before.
A : Oh, yes. Then, how can I be fluent in English?
B : 영어로 당신의 생각을 표현해봐야 해요.

A : 마치 미국 사람처럼 영어를 잘하시네요.
B : 전에 미국에서 살았었거든요.
A : 오, 그랬군요. 그럼, 어떻게 하면 영어를 유창하게 할 수 있을까요?
B : **You should try to express your thoughts in English.**

Exercises

1. You should try to _____ _____ _____ .   이 책을 읽어봐야 해요.
2. You should _____ _____ _____ politely.   예의바르게 행동하도록 노력해야 해요.
3. You should try to _____ _____ vegetables.   채소를 더 많이 먹으려고 노력해야 해요.

Point Tip!

● **try to**는 '시도하다' '~하려고 애쓰다' '시험 삼아 ~해보다' 등의 뜻으로 의무를 나타내는 조동사 **should**와 만나 상대방에게 '~을 시도해봐야 한다'로 표현된다. 조언이나 충고의 성격을 가지고 있지만 **must**보다는 부드럽고 가벼운 표현이다.

정답. 1. read this book 2. try to behave 3. eat more

pattern 175 You should learn how to ~

~하는 것 좀 배워야겠어요

Useful Expressions

❶ **You should learn how to write.** 당신은 글 쓰는 법을 배워야겠어요.
❷ **You should learn how to play games.** 당신은 경기하는 법을 배워야겠어요.
❸ **You should learn how to apologize first.** 당신은 먼저 사과하는 법부터 배워야겠어요.
❹ **You should learn how to use the computer.** 당신은 컴퓨터 사용법을 배워야겠어요.
❺ **You should learn how to control your temper better.** 당신은 감정 조절하는 법을 배워야겠어요.

Dialogue

A : I think I should give up, now.
B : Don't give up. You can do it.
A : I don't have confidence anymore.
B : 당신은 스스로 당당해지는 법을 배워야겠군요.

A : 이제 포기할 때가 된 것 같아요.
B : 포기하지 마세요. 당신은 할 수 있어요.
A : 난 자신이 없어요.
B : **You should learn how to stand up for yourself.**

Exercises

1. You should learn how to _____. 당신은 수영하는 법 좀 배워야겠어요.
2. You should learn how to _____ _____. 당신은 친절해지는 법을 배워야겠어요.
3. You should learn ___ ___ ___ a clear mind. 당신은 밝은 마음을 유지하는 법을 배워야겠어요.

Point Tip!

● how to+동사원형의 '~하는 방법'이란 표현이 '배우다'라는 뜻을 가진 **learn**과 만나 '~하는 방법을 배우다'라는 의미가 되었다. 상대방에게 '당신은 뭘 좀 배워야겠다.'라고 충고할 때 쓰는 표현이다.

정답. 1. swim 2. be kind 3. how to keep

pattern 176 You shouldn't ~

~하면 안돼요

Useful Expressions

1. **You shouldn't** drink and drive. — 음주 운전하면 안 돼요.
2. **You shouldn't** speak ill of others. — 다른 사람을 험담해서는 안 돼요.
3. **You shouldn't** talk loudly in the library. — 도서관에서 큰소리로 얘기하면 안 돼요.
4. **You shouldn't** blow your nose at the table. — 식사 중에 코를 풀어서는 안 돼요.
5. **You shouldn't** lose heart if you should fail. — 실패하더라도 낙심해서는 안 돼요.

Dialogue

A : 넌 그런 식으로 행동하면 안 돼.
B : Yes, I know. But this is who I am.
A : It's good to break the bad habit.
B : Okay, I'll try.

A : You shouldn't act like that.
B : 그래, 나도 알아. 하지만 이게 원래 내 모습이야.
A : 나쁜 습관은 고치는 게 좋아.
B : 알았어, 노력할게.

Exercises

1. You shouldn't _____ the phone. — 전화를 혼자서만 쓰면 안 돼요.
2. You ___ ___ the piano at this time. — 이 시간에 피아노 치면 안돼요.
3. You ___ ___ him talk to you that way. — 그가 당신에게 그런 식으로 말하게 해서는 안돼요.

Point Tip!

● 금지나 명령의 표현이지만 간혹 겸양의 표현으로 쓰이기도 한다. 선물을 받을 때 **You shouldn't have done this.**(이러시면 안 되는데요.)라고 하거나, 수고에 대한 인사로 **You shouldn't have gone to all the trouble.**(그렇게까지 수고 않으셔도 됐는데요.)라는 표현을 쓸 수 있다. 참고로 **lose heart**는 '낙담하다', **hog**는 '혼자 독차지하다'라는 뜻이다.

정답. 1. hog 2. shouldn't play 3. shouldn't let

 You should have ~

~했어야 했어요

Useful Expressions

❶ **You should have** called me.   당신은 내게 전화했어야 했어요.
❷ **You should have** saved money.   당신은 돈을 저축했어야 했어요.
❸ **You should have** set the alarm.   당신은 자명종을 맞춰놨어야 했어요.
❹ **You should have** worked harder.   당신은 더 열심히 일했어야 했어요.
❺ **You should have** listened to her.   당신은 그녀의 말을 들었어야 했어요.

Dialogue

A : You look upset. Are you OK?
B : Uh-uh, I caught a terrible cold.
A : 넌 코트를 입었어야 했어.
B : You're right.

A : 얼굴이 안되어 보여. 괜찮아?
B : 으… 심한 감기가 걸렸어.
A : You should have worn a coat.
B : 그러게 말야.

Exercises

1. You should have told _____ _____.   당신은 진실을 말했어야 했어요.
2. You should have _____ the ticket.   당신은 표를 예매했어야 했어요.
3. You should have _____ English harder.   당신은 영어공부를 더 열심히 했어야 했어요.

Point Tip!

● **should have+p.p.**의 형태로 '~했어야 했다'라는 과거행동에 대한 아쉬움을 후회나 충고를 표현하는 구문이다. 이러한 형식의 표현으로 **could have+p.p.**(~했었을 수도 있다), **might have+p.p.**(~했었을지도 모른다), **would have+p.p.**(~했었을 것이다) 등이 있다.

정답. 1. the truth 2. booked 3. studied

pattern 178 I should have ~

나는 ~했어야 했어요

Useful Expressions

❶ **I should have** known. 진작 알았어야 했어요.
❷ **I should have** called you. 당신한테 전화를 했어야 했어요.
❸ **I should have** checked first. 제가 먼저 확인을 했어야 했어요.
❹ **I should have** never said yes. 승낙하지 말았어야 했어요.
❺ **I should have** followed his advice. 그의 조언을 따랐어야 했어요.

Dialogue

A : I've failed the test again.
B : What was your score?
A : Only 60. 공부를 좀 더 했어야 했는데.
B : You can do it. Please, try again.

A : 시험에서 또 떨어졌어.
B : 몇 점인데?
A : 60점밖에 안돼. I should have studied some more.
B : 넌 잘할 수 있어. 다시 한번 해봐.

Exercises

1. I should have been _____ _____ .   더 조심했었어야 했어요.
2. I should have _____ my umbrella.   우산을 가지고 왔어야 했는데.
3. I should have _____ _____ at the last stop.   저번 정거장에서 내렸어야 했어요.

Point Tip!

● 흔히 힘내라는 격려의 표현으로 **fighting**이란 단어를 많이 사용하는데, 이는 다소 거친 표현이므로 적절치 못하다. **Go for it! Cheer up! Keep it up!** 등의 표현을 쓰는 것이 좋다.

정답. 1. more careful 2. brought 3. gotten off

pattern 179 Should I ~?

내가 ~을 해야 하나요?

Useful Expressions

❶ **Should I** leave now? 내가 지금 떠나야 할까요?
❷ **Should I** take a taxi? 내가 택시를 타야 할까요?
❸ **Should I** go there alone? 내가 거기에 혼자 가야 하나요?
❹ **Should I** call her right now? 내가 지금 그녀에게 전화해야 할까요?
❺ **Should I** see a doctor? 의사에게 진찰을 받아 보아야 할까요?

Dialogue

A : I'd like to make a reservation for tonight.
B : How large is your party?
A : We're a group of eight. 외투와 넥타이를 착용해야 하나요?
B : Yes, patrons are requested to wear neat attire.

A : 오늘밤 예약을 하고 싶습니다.
B : 일행은 몇 분이십니까?
A : 8명이 갈 겁니다. **Should I wear a jacket and tie?**
B : 네, 고객들은 정장을 하도록 되어 있습니다.

Exercises

1. Should I _____ _____ ? 내가 그녀를 만나야 할까요?
2. Should I _____ _____ ? 내가 계속해서 가야 할까요?
3. Should I _____ _____ _____ ? 내가 먼저 그에게 전화해야 하나요?

Point Tip!

● 'Should I+동사원형'의 형태로 '내가 ~해야 하는지' 다른 사람에게 조언을 구하는 표현이다. 발음할 때 '슈다이'라고 하지 않고 '슈라이'에 가깝게 발음하도록 유의하자. Should I...? 앞에 의문사를 붙여 who(누가), when(언제), where(어디서), what(무엇을), why(왜), how(어떻게) 등의 구체적인 조언을 구할 수 있다.

정답. 1. meet her 2. keep going 3. call him first

Maybe you should ~

아마 ~해야 할 걸요

Useful Expressions

❶ **Maybe you should** start now. 아마 지금 시작해야 할 거예요.
❷ **Maybe you should** do it again. 그거 다시 해야 할 거예요.
❸ **Maybe you should** say sorry to her. 그녀에게 미안하다고 해야 할 거예요.
❹ **Maybe you should** pocket your pride. 아마 당신은 자존심을 버려야 할 거예요.
❺ **Maybe you should** do some better research. 신중하게 조사를 해야 할 거예요.

Dialogue

A : So you must be tired after your long flight.
B : I'm suffering from the time difference.
A : 아마도 좀 쉬어야 할 거예요.
B : You're right. I need some deep sleep.

A : 장시간의 비행으로 피곤하시겠군요.
B : 시차 때문에 고생하고 있어요.
A : **Maybe you should take some time off.**
B : 그러게요. 잠 좀 푹 자야겠어요.

Exercises

1. Maybe you should _____ _____.   당신은 다시 시작해야 할 거예요.
2. Maybe you should _____ _____ about it.   그녀에게 그것에 대해 말해야 할 거예요.
3. Maybe you should _____ to her.   그녀에게 사과해야 할 거예요.

Point Tip!

● 'Maybe 주어 should...'의 형태로 주어의 자리에 **you** 대신 **I**를 넣어 다른 표현을 만들 수 있다. **you should** 앞에 **I think**나 **maybe**를 붙이면 상대방의 감정을 상하지 않게 하면서 의사전달을 할 수 있는 완곡한 표현이 된다.

정답: 1. start again 2. tell her 3. apologize

"Let me..."

Unit 39. Let me...

'시키다' '허락하다' 등의 의미를 가진 사역동사 let은 'Let+목적어+동사원형'의 형태로 '허용하다' '놔두다' 라는 의미가 된다. 'Let me+동사원형'은 '내가 ~할게' '내게 ~해줘' 와 같은 의미로 해석된다. 하지만 상대방의 허락을 구하는 표현이라기보다는 제안하거나 동의를 구하는 정도의 표현이다.

◎ Basic Expressions

1. **Let me** help you. 　　　　내가 도와줄게요.
2. **Let me** explain it. 　　　　설명을 좀 할게요.
3. **Let me** try again. 　　　　다시 한번 시도해 볼게요.
4. **Let me** take care of it. 　　내가 처리할게요.
5. **Let me** treat you to dinner. 제가 저녁을 살게요.
6. **Let me** hold your bag for you. 제가 가방을 들어 드릴게요.

pattern 181: Let me+동사 ~

~해 보죠 / ~해 줄게요

Useful Expressions

1. **Let me have** a bite. — 한 입만 먹어 볼게요.
2. **Let me think** about it. — 생각 좀 해 볼게요.
3. **Let me introduce** myself. — 제 소개를 할게요.
4. **Let me ask** you a question. — 뭐 하나만 물어 볼게요.
5. **Let me show** you how to do it. — 어떻게 하는지 가르쳐 줄게요.

Dialogue

A : I think I need to have my cavity filled in.
B : Does it give you much pain?
A : Yes, it's very sensitive, doctor.
B : 어디 한번 봅시다. Please open your mouth wide.

A : 제 충치를 때워야 할 것 같습니다.
B : 통증이 있나요?
A : 예, 살짝만 건드려도 아파요, 선생님.
B : **Let me have a look at it.** 입을 크게 벌리세요.

Exercises

1. Let me _____ _____ there. — 내가 거기까지 데려다 줄게요.
2. Let me _____ _____ some coffee. — 내가 커피 갖다 줄게요.
3. Let me _____ _____ this time. — 이번에는 내가 대접할게요.

Point Tip!

- **Let me introduce myself.**(제 소개를 하겠습니다.)라는 표현은 사람들 앞에서 처음 자기소개를 할 때 쓸 수 있는 표현이다. 영문 자기소개서나 면접시, 혹은 처음 만난 자리에서 스스로 자기소개를 해야 할 때 사용된다. 다른 사람에게 친구를 소개할 때는 **Let me introduce my friend to you.**(제 친구를 소개하겠습니다.)라고 하면 된다.

정답: 1. take you 2. get you 3. treat you

pattern 182: Let me check ~

~을 확인해 볼게요 / 한번 알아볼게요

Useful Expressions

① **Let me check** you. 검진해 보죠.
② **Let me check** it again. 다시 한번 확인해 보죠.
③ **Let me check** it for you. 제가 확인해 드릴게요.
④ **Let me check** if he is in now. 그가 지금 안에 있는지 알아볼게요.
⑤ **Let me check** what's playing. 무엇을 상영하는지 알아볼게요.

Dialogue

A : When do you have time?
B : 제 일정을 확인해보겠습니다. Anytime after four.
A : Well, let's make it at five o'clock.
B : OK. See you then.

A : 언제 시간이 있으세요?
B : **Let me check my calendar.** 4시 이후에는 괜찮네요.
A : 그럼, 5시에 만납시다.
B : 좋아요. 그 때 뵙지요.

Exercises

1. Let me check _____ _____ . 짐을 달아볼게요.
2. Let me check your _____ . 체온을 재볼게요.
3. Let me check _____ _____ now. 그의 스케줄을 알아볼게요.

Point Tip!

● **Let me check my calendar.**와 **Let me check my schedule.**은 '내 스케줄을 확인해볼게'라는 뜻으로 같은 의미이다. 우리나라에서는 흔히 약속이나 일정 등을 적어두고 확인하는 수첩을 diary라고 하지만 미국에서는 appointment book이라고 한다.

정답. 1. the package 2. temperature 3. his schedule

pattern 183 Let me think about ~   ~에 대해 생각해 볼게요

Useful Expressions

1. **Let me think about** it.   그것에 대해 생각해 볼게요.
2. **Let me think about** this plan.   이 계획에 대해 생각해 볼게요.
3. **Let me think about** your advice.   당신의 충고에 대해 생각해 볼게요.
4. **Let me think about** how to study.   공부 방법에 대해 생각해 볼게요.
5. **Let me think about** it and call you back.   생각해보고 다시 전화해 줄게요.

Dialogue

A : Our main concern is the price.
B : What's your opinion of the price?
A : We'd like you to offer us a discount of 20%.
B : 당신의 요청에 대해 생각해 보겠습니다.

A : 우리의 주된 관심사는 가격 문제입니다.
B : 가격에 대한 당신의 의견은 무엇입니까?
A : 저희에게 20% 할인을 해주셨으면 합니다.
B : **Let me think about your request.**

Exercises

1. Let me _____ _____ that program.   그 프로그램에 대해 생각해 볼게요.
2. Let me think about _____ _____.   당신 제안에 대해 생각해 볼게요.
3. Let me think about ___ ___ ___ this problem.   이 문제의 해결 방법에 대해 생각해 볼게요.

Point Tip!

● 비즈니스 커뮤니케이션에 자주 등장하는 단어들은 **suggestion**(제안), **offer**(제의), **request**(부탁), **inquire**(문의), **invitation**(초대), **confirmation**(확인), **contract**(계약), **shipment**(선적), **complaint**(불평) 등이다.

정답: 1. think about 2. your suggestion 3. how to solve

Let me tell you about ~
~에 대해 말해줄게요

Useful Expressions

❶ **Let me tell you about** the book.   그 책에 대해 말해줄게요.
❷ **Let me tell you about** this project.   이 계획에 대해서 말해줄게요.
❸ **Let me tell you about** his troubles.   그의 고민에 대해 말해줄게요.
❹ **Let me tell you about** an experience.   내 경험에 대해 말해줄게요.
❺ **Let me tell you about** our system of the company.   회사의 조직에 대해 말해줄게요.

Dialogue

A : I think I should go on a diet.
B : 내가 살 빼는 방법에 대해 알려줄게.
A : Is it reliable?
B : Sure. Many of my friends dieted this way, too.

A : 다이어트 좀 해야겠어.
B : **Let me tell you about some ways to lose weight.**
A : 믿을만한 거야?
B : 물론이지. 많은 내 친구들도 이 방식으로 다이어트를 했어.

Exercises

1. Let me _____ _____ about my family.   나의 가족의 대해 말해줄게요.
2. Let me tell you about _____ _____ .   우리 휴가에 대해서 말해줄게요.
3. Let me tell you about _____ _____ _____ .   나의 학교생활에 대해 말해줄게요.

Point Tip!

● 우리나라에서는 diet가 살을 빼는 것으로 통용되고 있지만 원래 diet는 주로 식이요법이나 식단, 식품 같은 의미로 많이 쓰인다. 물론 **on a diet**가 '살을 빼다'의 의미도 갖고 있긴 하지만 병 때문에 음식을 제한할 때도 **on a diet**라는 표현을 쓴다.

정답: 1. tell you 2. our vacation 3. my school life

Let me see if ~

~인지 아닌지 내가 한번 볼게요

Useful Expressions

❶ **Let me see if** I can fix it. 내가 고칠 수 있는지 볼게요.
❷ **Let me see if** I have enough time. 시간이 충분한지 볼게요.
❸ **Let me see if** I can order it online. 그거 온라인으로 주문할 수 있는지 볼게요.
❹ **Let me see if** I can make a reservation. 예약 가능한지 볼게요.
❺ **Let me see if** we have anything to drink. 마실 게 있는지 볼게요.

Dialogue

A : I'd like to make an appointment to see Dr. Wellin.
B : Have you been here before?
A : No, this will be my first visit. Is he available this afternoon?
B : Hold on, please. 오후에 시간이 되시는지 볼게요.

A : 웰린 선생님과 진찰 예약을 하고 싶습니다.
B : 전에 오신 적이 있습니까?
A : 아뇨, 이번이 처음입니다. 오늘 오후에 그분이 시간이 되시나요?
B : 잠시만요. **Let me see if** he's free in the afternoon.

Exercises

1. Let me see if I'm _____ this weekend. 이번 주말에 시간 되는지 볼게요.
2. Let me see if I ____ ____ ____ tomorrow. 내일 당신을 도와줄 수 있는지 볼게요.
3. Let me see if I ____ ____ ____ ____ . 그의 전화번호가 있는지 볼게요.

Point Tip!

● **Let me see.**라고만 하면 '어디 보자' 정도의 느낌을 준다. 하지만 뒤에 **if**를 붙이면 '무엇인지 아닌지 내가 한번 볼게' 정도의 뜻으로 쓸 수 있다. 여기에서 **if**는 '만일'의 의미가 아니라 '~인지 아닌지'의 뜻으로 쓰였다.

정답: 1. free 2. can help you 3. have his phone number

Let me know if ~

~하면 내게 알려줘요

Useful Expressions

❶ **Let me know if** you get cold. 추워지면 말씀하세요.
❷ **Let me know if** he comes back. 그가 돌아오면 알려줘요.
❸ **Let me know if** you have a question. 질문이 있으면 알려줘요.
❹ **Let me know if** my English is wrong. 내 영어가 틀리면 알려줘요.
❺ **Let me know if** there is anything I can do. 내가 도와줄 일이 있다면 알려줘요.

Dialogue

A : Anything else?
B : No, that's all.
A : 필요한 게 있으면 알려줘요.
B : Thanks, I will.

A : 그밖에 다른 것은요?
B : 아니, 없어요.
A : **Let me know if you need anything.**
B : 고마워요, 그러죠.

Exercises

1. Let me know if this is _____.   이것이 가능하다면 알려줘요.
2. Let me know if you _____ from her.   그녀에게서 소식 있으면 알려줘요.
3. Let me know if you _____ your mind.   마음이 바뀌면 알려줘요.

Point Tip!
- 'Let me know if+주어+동사'의 형태로 지금 일어나고 있는 일뿐 아니라 앞으로 진행될 상황에 대해서도 알려달라는 의미이다. 여기서는 if가 '만일 ~하다면'이란 뜻으로 쓰여 조건을 나타내는 부사절을 이끈다.

정답. 1. possible 2. hear 3. change

Let me know what ~

~을 내게 알려줘요

Useful Expressions

① **Let me know what** happens. 무슨 일이 있으면 내게 알려줘요.
② **Let me know what** they say. 그들이 뭐라고 말하는지 내게 알려줘요.
③ **Let me know what** you think. 당신이 어떻게 생각하는지 내게 알려줘요.
④ **Let me know what** you decide. 어떻게 결정할 건지 내게 알려줘요.
⑤ **Let me know what** the room is like. 그 방이 어떻게 생겼는지 알려줘요.

Dialogue

A : 이 관광에 대해 좀 알려주세요.
B : Here's a tour brochure.
A : What do I see on this tour?
B : We'll see all these places on this brochure.

A : Please let me know what this tour is.
B : 여기 안내서입니다.
A : 이 관광에서는 무엇을 보게 됩니까?
B : 이 안내서에 씌어 있는 것은 모두 봅니다.

Exercises

1. Let me know what _____ _____ . 이 의미가 뭔지 내게 알려줘요.
2. Let me know what your boyfriend _____ _____ . 남자친구가 어떤 사람인지 알려줘요.
3. Let me know what happens _____ _____ _____ ? 마지막에 어떻게 되는지 알려줘요.

Point Tip!

● if절 대신 의문사가 쓰여 'Let me know+의문사...'의 형태로 의문사 이하에 대해 알려달라는 뜻이다. **Let me know** 뒤에 **what** 이외에도 의문사 **when**(언제), **how**(어떻게) 등을 붙이면 보다 구체적인 부탁의 표현을 만들 수 있다.

정답: 1. this means 2. is like 3. at the end

"Let's..."

Unit 40. Let's...

'Let us+동사원형'은 직역하면 '우리들로 하여금 ~를 하게 하다' 라는 의미이다. 따라서 '~을 하자'는 제안이나 권유의 표현이 된다. Let us는 흔히 Let's로 축약하여 나타낸다. 모 회사의 제품명이기도 한 Let's be 역시 Let us be의 축약형으로 '~가 되자' 라는 뜻이다. Let's...에 대한 대답은 긍정의 의미로 Yes, let's. Of course. Sure. That's good idea. 등이 있고, 거절의 의미로 No, let's not. Sorry, but I can't. I'm afraid I can't. 등이 있다.

◎ Basic Expressions

1. **Let's** try this one. — 이거 한번 해보자. / 한번 먹어보자.
2. **Let's** stay at home. — 우리 집에 있자.
3. **Let's not** talk about it. — 그 얘기는 하지 말자.
4. **Let's** forget about it. — 그건 잊어버리자.
5. **Let's** call it a day. — 오늘은 여기까지 하자.
6. **Let's** take a coffee break. — 잠깐 쉬면서 커피 한잔 하자.

pattern 188 Let's go ~

~에 갑시다

Useful Expressions

❶ **Let's go** steady. 우리 사귑시다.

❷ **Let's go** Dutch. 각자 계산 합시다.

❸ **Let's go** for a drive. 드라이브 합시다.

❹ **Let's go** for drinks sometime. 언제 한잔 하러 갑시다.

❺ **Let's go** ahead and finish up after lunch. 일단 점심부터 먹고 마무리합시다.

Dialogue

A : Give me the bill.
B : No, I'll pick up the tab.
A : The bill was too high. 반반씩 계산하자.
B : It's my treat. Actually, I won some money in a lottery last weekend.

A : 계산서 이리 줘.
B : 아냐, 내가 계산할게.
A : 너무 많이 나왔어. Let's go half and half.
B : 내가 낼게. 사실은 지난주에 복권을 사서 돈을 좀 탔거든.

Exercises

1. Let's go _____ .   가서 확인해 보자.
2. Let's go _____ _____ .   가서 운동합시다.
3. Let's go _____ .   수영하러 가자.

Point Tip!

● 우리나라에서 요금을 각자 부담하는 것을 가리켜 흔히 Dutch pay라고 하는데 이는 잘못된 표현이다. go Dutch라고 하거나 pitch in이라고 해야 한다. 반반씩 부담하자는 표현은 Let's go half and half. Let's go fifty-fifty. Let's go halves. 등으로 한다.

정답: 1. check 2. work out 3. swimming

pattern 189 Let's get ~

~합시다

Useful Expressions

❶ **Let's get** out of here. — 여기서 나갑시다.
❷ **Let's get** to the point. — 본론으로 들어갑시다.
❸ **Let's get** together soon. — 조만간 또 만납시다.
❹ **Let's get** something to eat. — 먹을 것 좀 삽시다.
❺ **Let's get** some more information. — 새로운 정보를 좀 얻읍시다.

Dialogue

A : 출발합시다.
B : Someone's missing from our group!
A : Who's missing?
B : Mr. Simpson isn't here.

A : **Let's get a move on.**
B : 우리 팀에 누군가가 없어요!
A : 누가 없지요?
B : 심슨 씨가 없습니다.

Exercises

1. Let's get _____. — 시작합시다.
2. Let's get it _____ with. — 그 일을 어서 끝냅시다.
3. Let's get together _____ _____ _____. — 다음 기회에 한번 만납시다.

Point Tip!

● **get a move on**은 '시작하다, 서두르다'의 뜻이다. '~하게 하다' 라는 뜻을 가진 **get**은 과거분사와 함께 쓰여 수동적인 표현이 된다. **Let's get started.**는 **get**을 빼면 **let's start.**가 되지만 **get**이 들어가면 과거분사형이 되어 '~하게 되어지다' 라는 뜻이 된다.

정답: 1. started 2. over 3. some other time

pattern 190 Let's see ~

~을 (어디 한번) 봅시다

Useful Expressions

1. **Let's see** what's wrong. 뭐가 잘못됐는지 봅시다.
2. **Let's see** what's playing. 뭐가 상영되는지 봅시다.
3. **Let's see** what it looks like. 어떤 것인지 한번 봅시다.
4. **Let's see** who's going to come. 누가 오는지 봅시다.
5. **Let's see** what she wants to do. 그녀가 뭘 하고 싶어하는지 봅시다.

Dialogue

A : Could you get this spot out of my tie?
B : 어디 봅시다... 기름얼룩인 것 같군요.
A : Will this stain come out?
B : Yes, I think it'll come out.

A : 제 넥타이의 얼룩을 빼주실 수 있습니까?
B : Let's see... It looks like a grease stain.
A : 이 얼룩이 빠질까요?
B : 네, 빠질 것 같습니다.

Exercises

1. Let's see what _____ . 어떻게 되는지 봅시다.
2. Let's see _____ _____ . 다른 걸 봅시다.
3. Let's see _____ _____ shows up. 그가 언제 나타나는지 봅시다.

Point Tip!

- Let's see...는 단순히 사물을 그냥 눈으로 본다는 의미보다는 상황이나 상태가 어떤지 '어디 한번 보자'라는 의미로 사용된다. **Let's wait and see.**(두고 봅시다.)라고 하면 '어디 두고 봅시다' 라는 뜻으로 일단 기다리면서 추이를 지켜보자는 표현이다.

정답: 1. happens 2. another things 3. when he

Unit 41. I never...

never는 '결코 ~하지 않다' '전혀 ~하지 않다' 등의 의미를 나타내는 부정부사이다. 일반동사와 함께 쓰일 경우 주어와 일반동사 사이에 위치하는 것이 일반적이지만 강조를 위해 never가 맨 앞으로 나가면 주어와 동사가 바뀌어 도치구문이 되기도 한다. I never dreamed of it. → Never did I dream of it.

◎ Basic Expressions

① **I never** cut class. 난 절대 수업을 빼 먹지 않았어요.
② **I never** touch alcohol. 난 술은 입에도 대지 않았어요.
③ **I never** forget a face. 난 한 번 본 사람은 꼭 기억해요.
④ **I never** fight with my friends. 난 친구와 절대 싸우지 않아요.
⑤ **I never** mix business with pleasure. 난 공과 사를 절대로 혼동하지 않아요.
⑥ **I never** heard him speak ill of others. 그가 다른 사람을 욕하는 걸 들어본 적이 없어요.

pattern 191 I never thought ~

~한 생각을 전혀 못했어요

Useful Expressions

❶ **I never thought** about this. 그것에 대해선 전혀 생각지도 못했어요.

❷ **I never thought** I'd be here. 내가 여기 있게 될 줄은 정말 몰랐어요.

❸ **I never thought** I'd find it. 내가 그것을 찾으리라고는 전혀 생각지 못했어요.

❹ **I never thought** about this kind of meeting. 이런 종류의 만남은 전혀 생각지 못했어요.

❺ **I never thought** we drifted apart. 우리가 멀어질 거라곤 전혀 생각지 못했어요.

Dialogue

A : Aren't you Mr. Brown?
B : Hi, Johnny! What brings you here?
A : I'm here to work. 여기서 당신을 만나리라고는 전혀 생각지 못했는걸요.
B : Well, you know what they say-it's a small world.

A : 브라운 씨 아닌가요?
B : 조니! 여긴 어쩐 일이에요?
A : 사업차요. I never thought of meeting you here.
B : 이거 참. 그래서 세상은 좁다고들 하잖아요.

Exercises

1. I never _____ _____ it that way. 그런 식으로 생각해본 적은 전혀 없는데요.
2. I never thought I'd _____ _____ this. 이런 상황이 올 거라는 생각은 못했어요.
3. I never thought our team would _____ the game. 우리 팀이 진다는 생각은 해본 적도 없어요.

Point Tip!

● 뜻밖의 장소에서 아는 사람을 만났을 때 쓸 수 있는 '세상 참 좁네요.'라는 뜻의 말은 What a small world! It's a small world! Small world, isn't it? 등으로 표현할 수 있다.

정답. 1. thought of 2. come to 3. lose

I never dreamed ~

꿈에도 ~하지 않았어요

Useful Expressions

❶ **I never dreamed** you'd say that. 당신이 그런 말을 할 줄은 꿈에도 몰랐어요.

❷ **I never dreamed** I'd win the lottery. 복권에 당첨되리라고는 꿈에도 생각 못했어요.

❸ **I never dreamed** you'd love me, too. 당신도 날 사랑할 줄은 꿈에도 몰랐어요.

❹ **I never dreamed** of doing such a thing. 그런 일을 하리라고는 꿈에도 생각 못했어요.

❺ **I never dreamed** that he had told a lie. 그가 거짓말을 했으리라고는 꿈에도 생각 못했어요.

Dialogue

A : Hey, what's the problem? Why so blue?
B : I was fired.
A : Oh dear! I'm sorry to hear that.
B : 이런 일은 꿈에도 생각 못했어.

A : 야, 무슨 일 있어? 뭣 때문에 그렇게 우울해?
B : 나 해고당했어.
A : 저런! 안됐군.
B : **I never dreamed of this.**

Exercises

1. I never dreamed of _____ him there. 거기서 그를 만나리라고는 꿈에도 생각 못했어요.
2. I never dreamed he'd be gone __ __. 그가 나를 떠날 거라고는 꿈에도 생각 못했어요.
3. I never dreamed that he was __ __ __. 그가 유명작가였으리라곤 꿈에도 생각 못했어요.

Point Tip!

● fire는 '불, 화재'라는 뜻의 명사로 자주 쓰이지만 동사로 '불을 붙이다' '북돋다' '해고하다' 등의 뜻도 가지고 있다. 여기서는 dismiss와 같은 뜻의 '해고하다'라는 의미로 쓰였다.

정답. 1. seeing 2. from me 3. the famous writer

pattern 193 I never expected ~

~라니 전혀 뜻밖이네요

Useful Expressions

❶ **I never expected** that from you. 당신이 그럴 줄은 몰랐어요.

❷ **I never expected** to see you here. 여기서 당신을 보다니 전혀 뜻밖이네요.

❸ **I never expected** anything like this. 이런 선물을 받게 되리라고는 생각지도 못했어요.

❹ **I never expected** to hear that from you. 당신에게 그런 얘길 듣다니 전혀 뜻밖이네요.

❺ **I never expected** him to win the gold medal. 그가 금메달을 따다니 전혀 뜻밖이네요.

Dialogue

A : 그녀가 당신의 제의를 받아들일 거라고는 전혀 생각 못했어요.
B : To tell you the truth, neither did I.
A : Good luck, anyway.
B : I'll do my best.

A : I never expected that she'd accept your offer.
B : 사실대로 말하자면, 저도 뜻밖이에요.
A : 어쨌든 행운을 빌어요.
B : 최선을 다할게요.

Exercises

1. I never _____ you to do such a good job. 당신이 그렇게 잘 해내리라고는 생각지도 못했어요.
2. I never expected that I'd be able to ___ ___ ___ . 당신을 다시 만날 수 있게 되다니 전혀 뜻밖이네요.
3. I never expected that you'd commit ___ ___ ___ . 당신이 그런 실수를 저지르다니 전혀 뜻밖이네요.

Point Tip!

● 전혀 예상치 못했다는 뜻이기는 하나 예상을 하지 못했다는 사실이 중요한 게 아니라 상황에 놀랐다는 사실이 중요하므로 이 구문은 뜻밖의 놀라움을 강조하는 표현이 된다.

정답: 1. expected 2. see you again 3. such a mistake

I never want to ~

절대 ~하고 싶지 않아요

Useful Expressions

❶ **I never want to** return. 난 절대 돌아가고 싶지 않아요.

❷ **I never want to** hear about it. 난 그 말은 절대 듣고 싶지 않아요.

❸ **I never want to** see you sad. 난 당신이 슬퍼하는 모습을 보고 싶지 않아요.

❹ **I never want to** part from friends. 난 친구들과 절대 헤어지고 싶지 않아요.

❺ **I never want to** blow my chances. 난 절대 내 기회를 날리고 싶지 않아요.

Dialogue

A : Feel free to talk with Bob, please.
B : 난 절대 그와 상대하고 싶지 않아요.
A : You don't get chances like this everyday.
B : Well, give me some time to think it over.

A : 밥과 허심탄회하게 얘기해 봐요.
B : I never want to deal with him.
A : 이런 기회는 흔치 않아요.
B : 그럼 생각할 시간을 좀 줘요.

Exercises

1. I never want to _____ _____ . 난 여기에 절대 오고 싶지 않아요.
2. I never want to _____ _____ _____ . 난 절대 그와 함께 머물고 싶지 않아요.
3. I never want to _____ _____ _____ . 나는 결코 당신의 곁을 떠나고 싶지 않아요.

Point Tip!

● **don't**는 단순히 '~하지 않다' 의 의미이지만 **never**는 단어 안에 부정의 의미가 들어있어, 같은 부정이라도 **never**가 훨씬 강한 의미이다. **I don't want to go.**(난 가길 원하지 않아.) **I never want to go.**(난 절대 가길 원하지 않아.)

정답. 1. come here 2. stay with him 3. leave your side

pattern 195 I would never ~

절대 ~하지 않을 거예요

Useful Expressions

❶ **I'd never** go back. — 난 절대 돌아가지 않을 거예요.
❷ **I'd never** do that. — 난 절대 그런 짓은 하지 않을 거예요.
❸ **I'd never** lie to you. — 난 당신에게 절대 거짓말하지 않을 거예요.
❹ **I'd never** get used to it. — 난 절대로 익숙해질 수 없을 거예요.
❺ **I'd never** believe his word. — 난 절대 그의 말을 믿지 않을 거예요.

Dialogue

A : You got a haircut!
B : Yes, but I hate it. I asked the hairdresser to give me a trim but she cut off too much.
A : It's not as bad as you think it is.
B : 어쨌든 난 절대 거기에서 머리 깎지 않을 거야.

A : 머리 잘랐구나!
B : 응, 그런데 맘에 안 들어. 미용사한테 조금만 다듬어 달라고 했는데 너무 짧게 잘라 버렸어.
A : 네가 생각하는 것처럼 그렇게 나쁘지는 않아.
B : Anyway, I'd never get a hair cut there.

Exercises

1. I'd never _____ _____ _____ . — 난 절대 당신을 실망시키지 않을 거예요.
2. I'd never buy _____ _____ _____ . — 절대 이 가게에서 물건을 사지 않을 거예요.
3. I'd never _____ on Sunday. — 난 절대 일요일에 일하지 않을 거예요.

Point Tip!
● 미래에 대한 강한 부정을 얘기할 때에는 '~을 하지 않을 것이다' 라는 미래의 강한 추측을 나타내는 **would never**를 사용하여 **I would never+동사원형** 의 형태로 '절대 ~하지 않을 것이다' 라는 표현을 할 수 있다.

정답: 1. let you down 2. from this store 3. work

"I wonder..."

Unit 42. I wonder...

wonder는 '놀람, 경탄, 놀라다, 경탄하다, 궁금하다' 등의 뜻을 가지고 있다. 간접의문문으로 'I wonder+의문사+주어+동사'의 형태를 사용하며 I'm wondering...처럼 진행형을 쓰기도 한다. 이러한 표현은 질문이나 부탁을 할 때 상대의 부담을 덜어주려는 의도로 사용하며, 편지글 등에도 유용하게 사용할 수 있다.

◎ Basic Expressions

① I wonder what time it is. — 몇 시쯤 됐을까요?
② I wonder who that man is. — 저 남자는 누구인지 궁금해요.
③ I wonder where I left my keys. — 열쇠가 어디 갔는지 모르겠네요.
④ I wonder if it is true. — 그게 정말인지 모르겠어요.
⑤ I wonder if I should go. — 내가 가야 할지 어떨지 모르겠어요.
⑥ I wonder if it will rain tomorrow. — 내일은 비가 올지 모르겠네요.

I wonder what ~

~이 궁금해요

Useful Expressions

1. **I wonder what** I look like. 　내가 어떤 모습일지 궁금해요.
2. **I wonder what**'s on TV tonight. 　오늘밤 TV에서 뭘 하는지 궁금해요.
3. **I wonder what** he wants to buy. 　그가 뭘 사고 싶어하는지 모르겠어요.
4. **I wonder what** happened to them. 　그들에게 무슨 일이 일어났는지 궁금해요.
5. **I wonder what** job promises good fortune. 　촉망받는 직업이 뭔지 궁금해요.

Dialogue

A : Today is Bob's birthday.
B : Really? I almost forgot Bob's birthday.
A : 그에게 뭘 사다줘야 할지 모르겠어요.
B : Give him what he wants.

A : 오늘이 밥의 생일이에요.
B : 그래요? 하마터면 밥의 생일을 잊을 뻔했네요.
A : I wonder what I should get him.
B : 그가 원하는 걸 주세요.

Exercises

1. I wonder what this button _____ . 　이 버튼은 뭐 하는 건지 궁금해요.
2. I wonder what he _____ _____ now. 　그가 지금 어떤 모습이 되었을지 궁금해요.
3. I wonder _____ _____ the movie begins. 　그 영화가 몇 시에 시작하는지 모르겠네요.

Point Tip!

- 'I wonder+what...'의 형태로 **what** 이하의 내용들에 대해 잘 모르거나 궁금할 때 쓸 수 있는 간접적인 표현이다. 참고로 **promise**는 '약속'이란 뜻도 있지만 '가능성, 장래성'이란 의미도 있다.

정답: 1. does 2. looks like 3. what time

I wonder when ~

언제 ~하는지 궁금해요

Useful Expressions

❶ **I wonder when** we will start.   우리가 언제 출발할지 궁금해요.
❷ **I wonder when** I'll get there.   제가 거기 언제 도착할지 모르겠어요.
❸ **I wonder when** she will be back.   그녀가 언제 돌아올지 궁금해요.
❹ **I wonder when** the game will be over.   그 경기가 언제 끝날지 궁금해요.
❺ **I wonder when** I'll ever get to see her again.   그녀를 언제 다시 만날지 모르겠어요.

Dialogue

A : It's rained for five days in a row. 언제쯤이나 그칠까.
B : The weatherman said that the sky will clear up by tomorrow afternoon.
A : I can't believe what the weather forecast says these days.
B : Yeah. But I hope he is right for a change.

A : 5일째 비가 내렸어. **I wonder when it's going to stop.**
B : 일기예보에 의하면 내일 오후까지는 하늘이 맑아질 거래.
A : 요즘은 일기예보 못 믿겠어.
B : 그래. 하지만 일기예보가 한번쯤은 맞았으면 좋겠다.

Exercises

1. I wonder when he _____ _____.   그가 언제 올지 궁금해요.
2. I wonder when it's going to _____ _____.   언제 끝날지 궁금해요.
3. I wonder when it's going to _____ _____.   그게 언제 선적될지 궁금해요.

> **Point Tip!**
> ● **weatherman**은 **weather**와 **man**이 합쳐져 기상예보관을 뜻하는 말이고 **weather forecast**는 일기예보를 뜻하는 말이다. 또한 **be shipped**는 '선적하다' '배송하다'의 의미이다.

정답. 1. will come 2. be over 3. be shipped

pattern 198: I wonder why ~

왜 ~한지 궁금해요

Useful Expressions

❶ **I wonder why** he is late. — 그가 왜 늦는지 모르겠어요.
❷ **I wonder why** she did that. — 그녀가 왜 그렇게 했는지 모르겠어요.
❸ **I wonder why** it's so cold in here. — 여긴 왜 이렇게 추운지 모르겠어요.
❹ **I wonder why** the flight's been delayed. — 비행기가 왜 연착됐는지 모르겠어요.
❺ **I wonder why** she doesn't write me back. — 그녀가 나한테 왜 답장을 안 쓰는지 궁금해요.

Dialogue

A : My dad is really angry.
B : I know. 그가 왜 네게 화가 났는지 모르겠네.
A : Probably because I talked back to him.
B : Really? Why did you do that?

A : 우리 아빠 화가 많이 나셨어.
B : 나도 알아. I wonder why he got angry with you.
A : 아마 내가 말대꾸했기 때문이겠지.
B : 정말? 왜 그랬어?

Exercises

1. I _____ _____ he didn't show up. — 그가 왜 오지 않았는지 궁금해요.
2. I wonder why she looks _____ _____. — 그녀가 왜 저렇게 피곤해 보이는지 모르겠어요.
3. I wonder why he left ____ saying good-bye. — 그가 왜 작별 인사도 없이 떠났는지 궁금해요.

Point Tip!

● **show up**은 '나타나다' '얼굴을 보이다'의 뜻이고, **talk back**은 '말대꾸'라는 뜻이다. 비슷한 표현으로 **give back, retort, answer back** 등이 있다. 따라서 **Don't talk back!**이라고 하면 '말대꾸하지 마라.'라는 표현이 된다.

정답: 1. wonder why 2. so tired 3. without

pattern 199   I wonder how ~

어떻게 ~한지 궁금해요

Useful Expressions

1. **I wonder how** he is doing.   그가 어떻게 지내고 있을지 궁금해요.
2. **I wonder how** that got started.   그건 어떻게 시작했는지 궁금해요.
3. **I wonder how** far I can trust him.   저 사람은 어디까지 믿을 수 있을지 모르겠어요.
4. **I wonder how** my friends are doing.   다른 친구들은 어떻게 지낼까 궁금해요.
5. **I wonder how** that could have happened.   어떻게 그런 일이 생길 수 있었는지 모르겠어요.

Dialogue

A : I think I should go on a diet.
B : You seem fine to me.
A : You don't need to flatter me. 어떻게 하면 체중을 좀 줄일 수 있을까.
B : Eat healthy and exercise regularly.

A : 다이어트 좀 해야겠어.
B : 지금 그대로가 보기 좋아.
A : 듣기 좋게 말할 필요 없어. **I wonder how I can take off some weight.**
B : 건강식을 하고 규칙적으로 운동을 해.

Exercises

1. I wonder how he _____ _____.   그가 어떻게 그걸 만들었는지 궁금해요.
2. I wonder how you ___ ___ ___ the flu.   당신은 어쩌다가 감기에 걸렸는지 모르겠어요.
3. I wonder how you could ___ ___ ___ such ideas.   당신이 어떻게 그런 생각을 할 수 있었는지 궁금해요.

Point Tip!

- **take off**는 '떼어내다, 줄이다, 깎다' 등의 의미이고, **come down with**는 '(전염병)에 걸리다', **come up with**는 '생각해내다' 라는 뜻이다.

정답. 1. made it 2. came down with 3. come up with

pattern 200 I wonder if ~

~할지 궁금해요

Useful Expressions

① **I wonder if** you can help me.   나를 도와 줄 수 있을지 궁금해요.
② **I wonder if** she has returned yet.   그녀는 이제 돌아왔을까 궁금해요.
③ **I wonder if** I can have some bread.   빵을 좀 먹을 수 있을지 모르겠군요.
④ **I wonder if** he still thinks of me.   그가 아직도 내 생각을 하는지 모르겠어요.
⑤ **I wonder if** you're free tomorrow evening.   내일 저녁에 한가하신지 모르겠네요.

Dialogue

A : Excuse me. 뭐 한 가지 부탁할 수 있을지 모르겠네요.
B : Sure. What is it?
A : Would you send this letter for me?
B : Yes, I'd be happy to.

A : 미안하지만 I wonder if I could ask you to do a favor for me.
B : 물론이죠. 뭔데요?
A : 이 편지 좀 부쳐 주시면 안 될까요?
B : 예, 기꺼이 그렇게 하지요.

Exercises

1. I wonder if she _____ birthday gift.   그녀가 생일선물을 마음에 들어 했는지 궁금해요.
2. I wonder if you have _____ _____.   좀 더 싼 것은 없는지 모르겠네요.
3. I wonder if it'll have good _____ _____.   내일 날씨가 좋을지 모르겠네요.

Point Tip!

● 'If+주어+동사' 의 형태에서 이때의 if는 '만약' 이라는 뜻이 아니라 '~인지 아닌지' 라는 뜻이 된다. 따라서 I wonder 뒤에 'If+주어+동사' 의 형태가 오면 '~인지 아닌지 궁금하다' 는 뜻이 된다. if 대신에 **whether** 를 넣어도 같은 뜻이 된다.

정답: 1. liked 2. anything cheaper 3. weather tomorrow

pattern 201 I was wondering if ~ ~할지 모르겠네요

Useful Expressions

❶ **I was wondering if** you had time.   시간 있으신지 모르겠네요.
❷ **I was wondering if** you could help me.   저를 도와주실 수 있는지 모르겠네요.
❸ **I was wondering if** you could come along.   함께 오실 수 있는지 모르겠네요.
❹ **I was wondering if** I could use your car.   당신 차를 써도 될지 모르겠어요.
❺ **I was wondering if** you could post this letter for me.   이 편지 좀 부쳐주실 수 있는지 모르겠네요.

Dialogue

A : 제가 환불을 받을 수 있는지 모르겠네요.
B : I'm sorry, sir. This store has a no refund policy.
A : But this is not working properly.
B : Then we'll give you an exchange.

A : **I was wondering if I could get a refund.**
B : 죄송합니다, 손님. 저희 가게에서는 원칙적으로 환불을 하지 않습니다.
A : 하지만 이건 잘 작동하지 않는데요.
B : 그렇다면 저희가 교환을 해드리겠습니다.

Exercises

1. I was wondering if you could give me _____ _____ .   저를 태워주실 수 있는지 모르겠어요.
2. I was wondering if you have a _____ _____ tonight.   오늘밤 시간 좀 내줄 수 있는지 모르겠네요.
3. I was wondering if you would like have a _____ with me.   저하고 한잔 하실 수 있는지 모르겠네요.

Point Tip!

● 'I was wondering if you could...' 는 '당신이 ~해주실 수 있는지 모르겠어요' 라는 뜻이다. 즉 '~좀 해주시겠어요?' 라는 표현이다. 궁금해서 묻는 말이라기보다는 정중하게 부탁하거나 도움을 요청하는 표현이다.

정답. 1. a ride 2. spare minute 3. drink

No wonder ~

~그래서 ~하군요 / 어쩐지 ~하더라니

Useful Expressions

❶ **No wonder** he got sick. 　　그래서 그가 병이 났군요.
❷ **No wonder** he's smiling. 　　어쩐지 그가 싱글벙글하고 있더라니.
❸ **No wonder** she's weeping. 　그녀가 우는 것도 당연하지요.
❹ **No wonder** you look so pale. 그래서 그렇게 당신 안색이 나쁘군요.
❺ **No wonder** you look so happy. 그래서 당신이 그렇게 행복해 보였군요.

Dialogue

A : This is the most popular brand.
B : 그래서 그렇게 비싸군요.
　　Can you give a discount?
A : No, we can't. The price is already reduced.

A : 이것은 인기상품입니다.
B : **No wonder it is so expensive.**
　　좀 싸게 해 주실 수 없나요?
A : 아니오, 안 됩니다. 그 금액은 이미 할인된 가격입니다.

Exercises

1. No wonder it is ＿＿＿ ＿＿＿ .　　　　그래서 그렇게 훌륭하군요.
2. No wonder you look ＿＿＿ ＿＿＿ .　　그래서 당신이 피곤해 보이는 거였군요.
3. No wonder she looked ＿＿＿ ＿＿＿ today.　그래서 그녀가 오늘 좀 우울해 보였군요.

Point Tip!

● 'No wonder…'는 직역하면 '~은 놀랍지 않다' '~인 것도 놀랄 일은 아니다'라는 뜻이다. 즉 이전의 상황에 대해 '그래서 ~하군요' '어쩐지 ~하더라니' '~하는 것이 당연하다'라고 수긍하는 표현이다. 그냥 단독으로 쓰일 때는 **No wonder!** '어쩐지.'라는 의미이다.

정답. 1. so nice 2. so tired 3. so down

"It seems..."

Unit 43. It seems...

seem은 '~처럼 생각되다' 라는 뜻의 추측동사이다. seem구문에서는 'It seems to be+형용사' 가 기본 형식이다. 하지만 to be 는 생략이 가능하다. 또한 'It seems+보어', 'It seems+(to be)+형용사', 'It seems+that절' (that 생략 가능), 'It seems+like절', 'It seems+as if절' 의 형태로 '~인 것 같다' 는 뜻이 된다.

◎ Basic Expressions

❶ It seems cloudy today.   오늘은 날이 흐릴 것 같아요.
❷ It seems quite good quality.   그것은 상당히 질이 좋아 보여요.
❸ It seems to be small on you.   당신한테 작아 보여요.
❹ It seems like yesterday.   마치 엊그제였던 것 같아요.
❺ It seems to have paid off.   노력한 보람이 있는 것 같아요.
❻ It seems to become summer.   여름이 온 것 같아요.

pattern 203 It seems (that) ~

~인 것 같아요

Useful Expressions

❶ **It seems that** I ate lunch too fast.   점심을 너무 급하게 먹은 것 같아요.

❷ **It seems that** the weather is improving.   차차 날씨가 개어질 모양이에요.

❸ **It seems that** no one knows the truth.   아무도 진실을 모르는 것 같아요.

❹ **It seems that** trying wouldn't do any harm.   노력해서 해로운 것은 없는 것 같아요.

❺ **It seems that** we are a match made in heaven.   우리는 천생연분인 것 같아요.

Dialogue

A : What's the matter? Are you in some kind of pain?
B : I have a fever and a cough.
A : 감기 걸린 것 같은데요. You had better go home and stay in bed.
B : You're right. I think I'll go home early.

A : 왜 그러세요? 어디 아파요?
B : 열이 있고 기침이 나요.
A : **It seems that you have a cold.** 집에 가서 침대에 누워 쉬는 게 좋을 것 같아요.
B : 맞아요. 일찍 집에 가야겠어요.

Exercises

1. It seems that _____ of you are right.   둘 다 맞는 것 같아요.
2. It seems that he wants to _____ _____.   그는 집에 가고 싶어하는 것 같아요.
3. It seems that I have no _____ _____.   나는 옷을 고르는 안목이 없는 것 같아요.

Point Tip!

● 'It seems (to me) (that)+주어+동사'의 형태로 that은 생략하는 경우가 많다. 주체를 보다 분명히 강조하기 위해 It seems 뒤에 to me를 넣으면 '(내가 보기에) ~인 것 같다'는 의미가 된다. 자신의 생각을 직접적으로 표현하기보다 완곡하게 전달하려는 표현이다.

정답. 1. both 2. go home 3. dress sense

It seems like ~

~인 것 같아요

Useful Expressions

❶ **It seems like** a good idea. 좋은 생각인 것 같아요.
❷ **It seems like** he is lying. 그 사람이 거짓말을 하고 있는 것 같아요.
❸ **It seems like** she loves you. 그녀가 당신을 사랑하는 것 같아요.
❹ **It seems like** he is always late. 그는 항상 늦는 것 같아요.
❺ **It seems like** fall has already gone. 가을이 벌써 지나간 것 같아요.

Dialogue

A : I wonder what time it is?
B : I forgot to bring my watch, 하지만 4시쯤 된 것 같아요.
A : Shall we take a break for a while now?
B : That sounds good.

A : 몇 시쯤 됐을까요?
B : 시계를 가져오지 않았어요. **but it seems like it's about 4 o'clock.**
A : 우리 잠깐 쉬었다 할까요?
B : 그거 좋죠.

Exercises

1. It seems like there's no time _____ _____. 시간이 하나도 없는 것 같아요.
2. It seems like she knows _____ _____. 그녀는 그 비밀을 알고 있는 것 같아요.
3. It seems like you'd _____ _____ to him. 당신이 그에게 사과하는 편이 좋을 것 같아요.

Point Tip!

● 'It seems like+명사(명사절)' 의 형태로 It seems...보다 좀더 완곡한 표현이 된다.
참고로 **take a break**는 '잠깐 쉬다' 의 뜻이며, 비슷한 표현으로 '한숨 돌리다' '좀 쉬었다 하다' 라는 뜻의 '**take a breather**' 가 있다.

정답: 1. at all 2. the secret 3. better apologize

pattern 205 It seems as if ~

~인 것 같아요

Useful Expressions

① **It seems as if** he is the devil.   그는 악마인 것 같아요.
② **It seems as if** you are happy.   당신은 기분이 좋은 것 같아요.
③ **It seems as if** it was meant to be.   그건 마치 운명처럼 느껴져요.
④ **It seems as if** he's not coming today.   그는 오늘 안 올 것 같아요.
⑤ **It seems as if** you are the first one here.   당신이 일착인 것 같아요.

Dialogue

A : 우리 얘기 좀 해야 할 것 같아요.
B : Okay. Let's have it out.
A : Why don't we split the difference?
B : All right. Then, let's compromise.

A : It seems as if we need to talk.
B : 좋아요. 우리 털어놓고 얘기해보죠.
A : 우리가 조금씩 양보하는 게 어떨까요?
B : 좋아요. 그러면 절충을 하죠.

Exercises

1. It seems as if the fight would _____ _____ .   싸움은 끝이 없는 것 같아요.
2. It seems as if you are _____ _____ _____ .   당신은 마치 제 오랜 친구 같아요.
3. It seems as if he _____ _____ been ill.   그는 오랫동안 병을 앓았던 것 같아요.

Point Tip!

● '마치 ~인 것 같다'는 의미의 **as if** 가정법이다. 'It seems as if+주어+동사...'의 형태로 '(내가 보기엔) ~인 것 같아'라는 뜻이다. 참고로 **meant to be**는 '하기로 되어 있다' '~하지 않으면 안 되다'라는 뜻으로 필연적이고 운명적인 의미이다.

정답: 1. never end 2. my old friend 3. had long

You seem to ~

당신은 ~한 것 같아요

Useful Expressions

❶ **You seem to** be nice.   당신 좋아 보이는데요.
❷ **You seem to** be sad.   당신 슬픈 것 같아요.
❸ **You seem to** be happy.   당신은 행복한 것 같아요.
❹ **You seem to** like cheese.   당신은 치즈를 좋아하는 것 같아요.
❺ **You seem to** know what I'm feeling.   당신은 내 기분을 아는 것 같아요.

Dialogue

A : What did you do over the weekend?
B : I just stayed at home. What about you?
A : I hiked up the mountain with my family.
B : 즐거운 시간을 보내신 거 같군요.

A : 주말에 뭐했어요?
B : 그냥 집에 있었어요. 당신은요?
A : 가족들과 함께 산에 올랐어요.
B : **You seem to have had a nice time.**

Exercises

1. You seem to _____ _____.   당신 화난 것 같아요.
2. You _____ _____ _____ down in the dumps.   당신 기분이 안 좋은 것 같아 보여요.
3. You seem to _____ _____ _____ other.   당신은 사교성이 좋은 것 같군요.

Point Tip!

● 사람을 주어로 한 형태이다. **It**이나 **She**나 **He**를 주어로 할 때는 **seems**를 쓰지만 **You**를 주어로 할 때는 **seem**으로 써야 한다는 것에 유의하자. 참고로 **down in the dumps**는 '기가 죽은, 힘 빠진, 우울한'의 뜻이고, **get along with**는 '~와 잘 지내다, 좋은 관계를 가지다'의 뜻이다.

정답: 1. be angry 2. seem to be 3. get along with

"오감동사"

Unit 44. 오감동사

오감동사란 인간이 가질 수 있는 5가지 감각에 해당하는 동사 look(~처럼 보이다), feel(~처럼 느껴지다), smell(~처럼 냄새나다), taste(~처럼 맛이 나다), sound(~처럼 들리다)이다. 오감동사 뒤에는 반드시 형용사가 나와야 하지만 '오감동사+like' 다음에는 명사나 대명사가 나와야 한다. 2인칭에는 look, 3인칭에는 looks를 쓴다.

◎ Basic Expressions

① It smells good. 　　　　　냄새가 좋군요.
② It feels like yesterday. 　엊그제 일처럼 느껴져요.
③ That sounds like fun. 　　그것 재미있겠는데요.
④ It looks like rain. 　　　　비가 오려고 해요.
⑤ He looks like happiness. 　그는 행복한 것처럼 보여요.
⑥ This soup tastes like dish water. 이 국 되게 맛없네요.

pattern 207 look like ~

~처럼 보여요

Useful Expressions

❶ You **look like** a foreigner.   당신 외국인처럼 보여요.
❷ You **look like** a movie star.   당신 영화배우처럼 보여요.
❸ You **look like** your father.   당신은 당신 아버지를 닮았어요.
❹ You **look like** a queen today.   당신 오늘 여왕처럼 보여요.
❺ It **looks like** a blood stain.   핏자국인 것 같군요.

Dialogue

A : 당신 어젯밤에 잠을 잘 못잔 것처럼 보여요.
B : I tossed and turned all night last night.
A : How come?
B : My roommate kept on snoring all through the night.

A : You look like you didn't sleep well last night.
B : 어젯밤 내내 뒤척였어요.
A : 왜요?
B : 내 룸메이트가 밤새 코를 고는 바람에요.

Exercises

1. It looks like a grease _____ .   기름얼룩인 것 같군요.
2. You look like _____ _____ to me.   당신 나한테 거짓말하는 것처럼 보여요.
3. The rock _____ _____ a man's face.   저 바위는 마치 사람의 얼굴처럼 보여요.

Point Tip!

● toss는 '던지다, 흔들다' 라는 뜻이고 turn은 '돌리다, 뒤엎다' 라는 뜻이므로 이 두 단어가 합쳐진 toss and turn은 '이리저리 뒤척이다' 라는 의미가 된다. snore는 '코를 골다' 라는 뜻이다.

정답. 1. stain 2. a lie 3. looks like

pattern 208 · sound like ~

~처럼 들려요

Useful Expressions

❶ That **sounds like** a bore. 그건 지겨울 것 같은데요.
❷ That **sounds** promising. 그건 장래성이 있을 것 같은데요.
❸ That **sounds like** an order. 그건 명령같이 들리는데요.
❹ It **sounds like** you're nearby. 곁에 있는 것처럼 잘 들려요.
❺ She **sounds like** she's a doctor. 그녀는 의사인 것처럼 말해요.

Dialogue

A : I like watching TV a lot. Do you like it?
B : Sure. Is there anything good on TV tonight?
A : There's 'Love Letter' on Channel 12 tonight.
B : 그것 재미있겠는데요.

A : 나는 TV 보는 것을 아주 좋아해요. 당신도 좋아하나요?
B : 물론이죠. 오늘밤 TV에서 뭐 재미난 거 하나요?
A : 오늘밤 채널 12에서 '러브레터'를 방영하는군요.
B : **That sounds like fun.**

Exercises

1. Sounds like _____ _____ . 농담하는 것처럼 들리는데요.
2. That sounds like a _____ _____ . 그거 좋은 생각이군요.
3. He sounds like a _____ _____ . 그는 영어를 원어민처럼 말해요.

Point Tip!

● **Sounds like your joking.** 은 **No kidding!**(농담 매!), **You're kidding me.** 와 비슷한 뜻으로 쓰인다. kid와 joke는 농담이나 장난의 의미로 쓰이는데, 현재는 kid라는 표현이 더 많이 쓰인다.

정답: 1. your joking 2. good idea 3. native speaker

pattern 209 smell ~

~한 냄새가 나요

Useful Expressions

❶ It **smells** so sweet.   향이 너무 달콤해요.

❷ It **smells** delicious.   맛있는 냄새가 나네요.

❸ It **smells** like roses.   장미꽃 냄새 같은데요.

❹ It **smells** like cigarettes.   담배 냄새가 나는 것 같아요.

❺ It **smells** like something s burning in the house.   집에서 뭔가 타는 냄새가 나는데요.

Dialogue

A : Do you care for any particular food?
B : I'm easy to please.
A : Oh, Is that so? We are having Korean food.
B : 냄새가 좋은데요. I really like Korean food.

A : 특별히 좋아하는 음식이라도 있나요?
B : 저는 아무거나 잘 먹어요.
A : 오, 그러세요? 저희가 한국음식을 준비했거든요.
B : That smells good. 전 한국 음식 정말 좋아해요.

Exercises

1. This smells too _____ .   이건 너무 비린내가 나는군요.
2. It smells _____ _____ .   피자 냄새 같은데요.
3. It smells _____ _____ .   냄새가 너무 고약해요.

Point Tip!

● 'It smells+형용사(~한 냄새가 난다)' 혹은 'It smells like+명사(~와 같은 냄새가 난다)' 의 형태로 표현된다.

정답. 1. fishy 2. like pizza 3. so bad

pattern 210 taste ~

~한 맛이 나요

Useful Expressions

❶ It **tastes** funny. 맛이 좀 이상해요.
❷ It **tastes** stale. 상한 맛이 나요.
❸ It **tastes** very acidic. 맛이 굉장히 시어요.
❹ It **tastes** like chicken. 닭고기 맛 같은데요.
❺ It **tastes** better that way. 그렇게 먹는 게 맛이 더 좋거든요.

Dialogue

A : Could you see if this tastes OK?
B : Hmm... 싱거운데요.
A : What can I do?
B : All this needs is a little soy sauce.

A : 음식 간 좀 봐주시겠어요?
B : 음.... It tastes flat.
A : 어떻게 하지요?
B : 여기에 간장만 좀 넣으면 되겠는데요.

Exercises

1. It tastes _____ . 맛이 좋은데요.
2. It tastes _____ . 맛이 좀 나아졌네요.
3. It tastes _____ _____ . 맛이 꽤 강해요.

Point Tip!

- 맛과 관련된 형용사는 **flat**(밋밋한, 싱거운), **salty**(짭짤한), **hot**(매운), **spicy**(양념 맛이 강한), **sour**(시큼한), **sweet**(달콤한), **bitter**(쓴), **fresh**(신선한), **stale**(신선하지 않은, 김빠진), **raw**(날 것의, 설익은), **rotten**(썩은) 등이 있다.

정답. 1. good 2. better 3. pretty strong

pattern 211 feel like ~

~처럼 느껴져요

Useful Expressions

❶ I **feel like** crying. 울고 싶은 기분이에요.

❷ I **feel like** I could almost fly. 기분이 날아갈 것 같아요.

❸ I **feel like** this is all my fault. 이게 모두 내 잘못인 것처럼 느껴져요.

❹ I **feel like** having a ball tonight. 오늘은 마음껏 즐기고 싶어요.

❺ I **feel like** I'm skating on thin ice. 살얼음을 밟는 기분이에요.

Dialogue

A : Can you describe to me how you feel?
B : I feel dizzy and faint.
A : Do you have any other symptoms?
B : 물 마실 때마다 토할 것 같아요.

A : 상태가 어떠신지 말씀해주시겠어요?
B : 어지럽고 현기증이 나요.
A : 다른 증상이 있습니까?
B : I feel like throwing up whenever I drink some water.

Exercises

1. I feel like _____ . 싸우고 싶은 기분이에요.
2. I feel like a _____ . 간식이 먹고 싶어요.
3. I feel like I'm being _____ . 거부당하고 있는 느낌이에요.

Point Tip!

● 우리나라 사람들은 흔히 '토하다'의 뜻으로 **overeat**이라는 표현을 많이 쓰지만 실제로 '토하다'라는 표현은 **throw up**이다. **overeat**은 단순히 '과식하다'라는 뜻이다.
dizzy는 '어지러운, 현기증이 나는', **faint**는 비슷한 의미로 '희미한, 기절할 것 같은'의 뜻이다.

정답. 1. fighting 2. snack 3. rejected

I don't feel like ~

~할 기분이 아니에요

Useful Expressions

❶ **I don't feel like** it. 그럴 기분이 아닙니다.
❷ **I don't feel like** eating. 별로 먹고 싶은 생각이 없는데요.
❸ **I don't feel like** joking around. 농담하고 다닐 기분이 아니에요.
❹ **I don't feel like** dancing now. 지금은 춤을 추고 싶지 않아요.
❺ **I don't feel like** playing with you. 난 당신과 장난칠 기분이 아니에요.

Dialogue

A : Why the long face?
B : I feel blue without any reasons.
A : Let's go out for a change.
B : 미안하지만 난 아무것도 하고 싶지 않아.

A : 왜 우울한 얼굴을 하고 있어?
B : 오늘은 왠지 우울해.
A : 기분전환 하러 나가자.
B : **Sorry, but I don't feel like doing anything.**

Exercises

1. I don't feel like _____ .   노래 부르고 싶은 기분이 아니에요.
2. I don't feel like _____ .   대답할 기분이 아니에요.
3. I don't feel like _____ _____ .   외출하고 싶지 않아요.

Point Tip!

● 'I don't feel like+-ing'의 형태는 '~하고 싶지 않다'는 뜻으로 구어체에서 많이 쓰이는 표현이다. I don't feel like (that) (I'm) -ing'의 형태에서 that과 I'm이 생략된 것이다.
참고로 long face는 '긴 얼굴'이란 뜻이 아니라 '시무룩한 얼굴, 우울한 얼굴'을 뜻한다.

정답. 1. singing 2. answering 3. going out

"If you…"

Unit 45. If you…

'만약 ~라면 ~할게(현재) / 할 텐데(과거) / 했을 텐데(과거완료) / 하겠다(미래)' 라는 의미로 실제로 일어나지 않은 일에 대해 주어의 의지로 가정해 보는 if가정법이다. if가정법에는 가정법 과거완료, 가정법 과거, 가정법 현재, 가정법 미래, 이 네 가지 용법이 있으며, 상대방에게 조건을 제시하거나 양해를 구할 때, 충고할 때 사용할 수 있는 표현이다.

◎ Basic Expressions

1. **If you** do locate him, call me.
   그를 찾게 **되거든** 내게 전화해 주세요.
2. **If you** don't hit the books, you'll fail.
   열심히 공부하**지 않으면** 실패할 거예요.
3. **If you** need anything, please call us.
   필요하신 **게 있으시면**, 저희를 불러 주세요.
4. **If you** keep your nerve, you'll win out.
   열심히 **하시면** 해낼 수 있을 거예요.
5. **If you** get some beer, I will buy a pizza.
   당신이 맥주를 사온**다면** 내가 피자를 사죠.
6. **If you** can't come over, at least give me a call.
   올 수 **없으면** 전화라도 해주세요.

If you have any ~

당신에게 ~이 있다면

Useful Expressions

1. **If you have any** money, lend me some. — 돈이 좀 있다면 저 좀 빌려주세요.
2. **If you have any** pens left, please give me one. — 펜 남은 것 좀 있으면 하나만 주세요.
3. **If you have any** comments, please raise your hand. — 의견 있으시면 손을 들어주세요.
4. Raise your hands **If you have any** questions, please. — 질문 있으시면 손을 들어주세요.
5. **If you have any** other questions, just feel free to call. — 또 궁금한 것이 있으면 언제든지 전화하세요.

Dialogue

A : NS Electronics. How may I help you?
B : Can I talk to Mr. Simpson?
A : He just stepped out. 전할 말 있으시면, 제게 말씀하세요.
B : No, thanks. I'll call again.

A : NS전자입니다. 무엇을 도와드릴까요?
B : 심슨 씨와 통화할 수 있을까요?
A : 방금 나가셨는데요. **If you have any message, pass it on to me.**
B : 아뇨, 감사합니다. 다시 전화 걸겠습니다.

Exercises

1. _____ _____ _____ If you have any difficulty. — 어려울 때는 저한테 오세요.
2. Feel free to call me _____ _____ _____ _____ problem. — 문제가 있다면 부담 없이 전화하세요.
3. If you have _____ _____ _____, please ask him. — 기술상의 어떤 의문이 있으시면 그분에게 물어보세요.

Point Tip!

- 'If you have any' 구문은 문장의 앞뒤에 와서 '당신에게 ~이 있다면' 의 뜻이 된다. **step out**은 '잠시 자리를 비우다', '잠시 나가다' 라는 뜻이고, **feel free to**는 '부담 없이', '편하게' 라는 뜻이다.

정답: 1. Come to me 2. if you have any 3. any technical questions

pattern 214 — If you don't mind ~

괜찮으시다면

Useful Expressions

① **If you don't mind,** I need a break. 괜찮으시다면 잠시 쉬고 싶은데요.
② **If you don't mind,** come and join us. 괜찮다면, 이쪽에 와서 합류해 주세요.
③ **If you don't mind,** I want to smoke. 괜찮으시다면, 제가 담배를 좀 피우고 싶은데요.
④ **If you don't mind,** I want to open the window. 괜찮으시다면, 창문을 열고 싶은데요.
⑤ **If you don't mind,** I'll go home right now. 괜찮으시다면, 저는 지금 바로 집에 가보겠습니다.

Dialogue

A : May I take pictures here?
B : Sure. Do you want me to take a picture of you?
A : 괜찮으시다면, 당신 사진을 찍고 싶은데요.
B : Okay. If you would like.

A : 이곳에서 사진을 찍어도 됩니까?
B : 물론이죠. 제가 찍어 드릴까요?
A : If you don't mind, I'd like to take your picture.
B : 좋아요. 원하신다면.

Exercises

1. If you don't mind, _____ _____ _____ _____ later. 괜찮으시다면 이따가 저한테 전화주세요.
2. Can I put my seat back, _____ _____ _____ _____? 괜찮으시다면 의자를 뒤로 젖혀도 될까요?
3. If you don't mind, _____ _____ _____ take Saturday off. 괜찮으시다면 토요일은 쉬고 싶은데요.

> **Point Tip!**
> ● mind는 '꺼려하다, 신경 쓰다'라는 의미로 don't mind는 '신경 안 쓰다' '괜찮다'라는 뜻이 된다. 'if you don't mind'는 상대방에게 부탁하거나 양해를 구하는 정중한 표현으로 문장 앞이나 뒤에 붙여 please처럼 활용할 수 있다. 괜찮다고 응답할 때는 **No, I don't mind.** 안 괜찮다고 응답할 때는 **Yes, I do.**라고 응답한다.

정답: 1. give me a call 2. if you don't mind 3. I'd like to

pattern 215 If you ask me ~

내 생각을 말하자면 ~

Useful Expressions

❶ Sounds yucky, **if you ask me**.   내 생각에는, 역겨운 얘기네요.
❷ More like childish, **if you ask me**.   내 생각엔, 유치한 것 같은데요.
❸ I think he's sort of goofy, **if you ask me**.   내 생각엔, 그는 좀 엉뚱한 것 같아요.
❹ He is the best player, **if you ask me**.   내 생각에는, 난 그가 최고의 선수라고 생각해요.
❺ **If you ask me**, I think she's pretty hot.   내 생각에, 그녀는 아주 예쁜 것 같아요.

Dialogue

A : What book are you reading?
B : Othello.
A : That's a good book. What do you say to that?
B : 내 생각을 말하자면, 난 이게 최고의 책이라고 생각해요.

A : 무슨 책을 읽고 있어요?
B : 오셀로요.
A : 그건 좋은 책이지요. 당신은 그거 어떻게 생각해요?
B : **If you ask me, this is the best book ever.**

Exercises

1. If you ask me, she's already _____.   내 생각에, 그녀는 이미 결혼했어요.
2. If you ask me, the plan ___ ___ ___.   내 생각을 말하자면, 그 계획은 성공할 거예요.
3. I think she's ___ for you, if you ask me.   내 생각을 말하자면, 그녀는 당신에게 이상적인 것 같아요.

Point Tip!

● 자신의 생각이나 의견을 상대방에게 조심스럽게 전달할 때 쓸 수 있는 표현이다. '누가 내 생각을 물어본다면'의 뜻으로, 보다 자연스럽게 '내 생각을 말하자면'의 정도로 해석하면 된다. 자신의 지극히 개인적인 의견일 뿐이라는 겸손한 어조의 구문이다. **yucky**는 '구역질나는, 혐오스러운'의 뜻이다.

정답 : 1. married 2. will be successful 3. perfect

pattern 216 If I were you ~

내가 당신이라면 ~

Useful Expressions

❶ I'd be careful, **If I were you**.   내가 당신이라면, 조심할 거예요.

❷ I'd forget about him, **If I were you**.   내가 당신이라면, 그 사람을 잊겠어요.

❸ I wouldn't meet him, **if I were you**.   내가 당신이라면, 그 사람을 만나지 않겠어요.

❹ I wouldn't go that way, **if I were you**.   내가 당신이라면, 그런 식으로는 하지 않겠어요.

❺ **If I were you**, I'd quit while I was ahead.   내가 당신이라면, 유리할 때 그만두겠어요.

Dialogue

A : I'm so nervous about my job interview.
B : 내가 너라면, 면접에 대해서 그렇게 걱정하지 않겠어.
A : I'm afraid of making mistakes.
B : Don't feel small! You can do it!

A : 취직 면접 때문에 아주 초조해.
B : I wouldn't sweat the interview, if I were you.
A : 실수할까봐 걱정 돼.
B : 자신감을 가져! 넌 할 수 있어!

Exercises

1. If I were you, I'd _____ _____ of it.   내가 당신이라면, 그 일에서 물러나겠어요.
2. If I were you, I would _____ _____ _____.   내가 당신이라면, 난 택시를 탔을 거예요.
3. If I were you, I'd go to _____ _____ _____.   내가 당신이라면, 병원에 가볼 거예요.

Point Tip!

● 가정법 과거 문형이므로 if조건절에서 I와 함께 쓰인 be 동사 역시 과거형 were가 쓰인다는 점에 유의하자.
참고로 nervous는 '초조하다, 긴장하다'란 뜻이고, sweat은 '땀을 흘리다, 쩔쩔매다, 걱정하다'란 뜻이다.

정답: 1. stay out 2. take a taxi 3. see a doctor

 pattern 217 **If there's ~**   만약 ~이 있다면

Useful Expressions

❶ **If there's** any problem, just call me.   만약 문제가 생기면 곧장 연락해요.
❷ **If there's** any trouble, I'll contact you.   만약 문제가 생기면 연락할게요.
❸ **If there's** anything I can do, just call.   내가 할 수 있는 일이 있으면 전화하세요.
❹ **If there's** anything you need, just ask me.   뭐든 필요한 게 있으면 나한테 얘기해요.
❺ **If there's** anything you want, please call me.   원하시는 것이 있으면 저를 불러 주세요.

Dialogue

A : Are the project preparations going well?
B : The work is proceeding according to the plan.
A : 제가 당신을 위해 할 수 있는 일이 있으면 연락 주세요.
B : Thanks, but I'm fine.

A : 프로젝트 준비는 잘 돼가고 있습니까?
B : 그 일은 계획에 따라 진행되고 있습니다.
A : If there's anything I can do for you, please let me know.
B : 고마워요. 하지만 괜찮아요.

Exercises

1. If there's anything you need, call me _____ _____ .   필요한 게 있으면 언제든지 저를 부르세요.
2. If there's anything I _____ _____ , I'd be happy to help.   내가 할 수 있는 일이 있으면 돕고 싶어요.
3. If there's anything you're _____ _____ , please tell me.   언짢으신 일이 있으시면, 저에게 말씀해 주세요.

Point Tip!

● '만약 무슨 일이 있다면' 이라는 뜻으로 주로 상대방에게 도움을 주고 싶을 때 쓸 수 있는 가정법 표현이다. **preparation**은 '준비', **proceed**는 '나아가다, 계속하다', **be upset about**은 '~에 대해 화나다' 라는 뜻이다.

정답. 1. any time 2. can do 3. upset about

Unit 46. take

take는 '잡다', '취하다' 라는 의미로 문두에 나오면 명령문이 되기도 한다. 'It takes+명사' 는 시간이 얼마나 걸리는지, 또는 사람이나 노력 등 뭔가를 하기 위해 소요되는 것을 나타내는 표현이다. 이밖에도 사진을 찍거나, 휴식을 취할 때나, 어디에 참가하거나, 무엇을 받아들이거나, 어떤 일을 시작할 때 take 를 이용하여 다양하게 표현할 수 있다.

◎ Basic Expressions

❶ **Take** care.   몸조심해요.
❷ **Take** it easy.   편히 쉬세요.
❸ **Take** your time.   천천히 하세요.
❹ Can I **take** a message?   메시지를 전해드릴까요?
❺ May I **take** pictures here?   여기서 사진을 찍어도 됩니까?
❻ I **take** pride in my work.   저는 제 일에 자부심을 가지고 있어요.

pattern 218 It takes + 명사 ~

~만큼 걸려요 / 필요해요

Useful Expressions

1. **It takes** ten minutes. — 10분 정도 걸려요.
2. **It takes** all day and night. — 하루 밤낮이 걸립니다.
3. **It takes** one week by airmail. — 항공편으로 일주일 걸려요.
4. **It takes** practice to be good. — 능숙해지려면 연습이 필요해요.
5. **It takes** nerve to be a racing driver. — 자동차 경주를 하려면 담력이 있어야 해요.

Dialogue

A : I'd like to send this parcel to Korea.
B : How do you want it sent?
A : By express mail. How long will it take?
B : 거기 도착하는 데 2주일 정도 걸려요.

A : 이 소포를 한국에 부치고 싶은데요.
B : 어떻게 보내시겠어요?
A : 빠른우편이요. 얼마나 걸릴까요?
B : It takes about two weeks to get there.

Exercises

1. It takes _____ three hours. — 거의 3시간 걸립니다.
2. It takes _____ _____ practice and effort. — 많은 노력과 연습이 필요해요.
3. It takes ____ ____ ____ for data to download. — 자료를 다운 받으려면 시간이 오래 걸려요.

Point Tip!

● 'It takes+명사+to+동사원형...'의 형태로 It takes 다음에 시간을 나타내는 명사가 오면 '~만큼 걸리다'의 의미를 나타내며, 그밖에 무엇을 하기 위해 사람이나 공간이나 노력이 '~만큼 들다, 필요하다'의 의미가 된다.

정답. 1. almost 2. lots of 3. a long time

take A to B ~

A를 B로 데리고 가다 / 가지고 가다

Useful Expressions

❶ **Take** us **to** the Park Hotel.   파크 호텔로 우리를 데려다 주세요.

❷ Mom **took** me **to** the hospital.   엄마가 나를 데리고 병원에 갔어요.

❸ I'll **take** this book **to** you soon.   곧 당신에게 이 책을 가져다줄게요.

❹ I'll **take** sometime off **to** go there.   언제 휴가를 내어 거기에 갈게요.

❺ Please **take** this baggage **to** the taxi stand.   이 짐을 택시 정류장으로 옮겨 주세요.

Dialogue

A : 제 좌석으로 데려다 주시겠습니까?
B : May I see your boarding pass, please?
A : Yes, here it is.
B : Your seat number is 7-B. It's over there on the left aisle.

A : Will you take me to my seat, please?
B : 탑승권을 보여주시겠습니까?
A : 예, 여기 있습니다.
B : 손님좌석이 7-B석이군요. 저쪽 왼쪽 통로좌석입니다.

Exercises

1. Please _____ _____ _____ the hospital.   저를 병원에 데려다 주세요.
2. He _____ me to the school.   그가 날 학교에 데려다 주었어요.
3. I had to take the clothes _____ the laundry shop.   그 옷은 세탁소에 가져가야 했어요.

Point Tip!

● bring A to B와 헷갈릴 수 있는 표현으로 take는 말하는 사람의 위치로부터 멀어지는 것이고, bring은 말하는 사람에게로 오는 것으로 이해하면 된다. take A to B는 'A를 B로 가져가다', bring A to B는 'A를 B로 가져오다'의 뜻이다.

정답: 1. take me to 2. took 3. to

pattern 220 take ~ for granted

당연하게 여기다

Useful Expressions

❶ I **took** it **for granted**. — 난 그걸 당연하게 받아들였어요.
❷ Don't **take** it **for granted**. — 그걸 당연하게 생각하지 말아요.
❸ Don't **take** him **for granted**. — 그의 존재를 당연히 여기지 말아요.
❹ I've **taken** you **for granted** like the air. — 난 당신을 공기처럼 당연하게 여겼어요.
❺ I **took** it **for granted** that you'd come back again. — 나는 당신이 돌아오는 것을 당연하게 여겼어요.

Dialogue

A : What's your position?
B : Well, I'm not sure yet.
A : I'm disappointed. 난 당신이 동의할 것을 당연하게 여겼거든요.
B : Sorry, but I'd still like to get a few more opinions.

A : 당신의 입장은 어때요?
B : 글쎄요, 아직은 잘 모르겠어요.
A : 실망했어요. I took it for granted that you would consent.
B : 미안해요. 하지만 저는 의견을 좀 더 듣고 싶네요.

Exercises

1. You took my love _____ _____. — 당신은 내 사랑을 당연하게 생각했어요.
2. We take it for granted that we _____ _____ _____. — 우리는 휴가 갖는 것을 당연하게 여겨요.
3. I took it for granted that he would _____ _____ _____. — 그가 나와 의견이 같다는 것을 당연하게 여겼어요.

Point Tip!

● 일반적으로 take A for B(A를 B로 여기다)의 구문이 성립하려면 for 다음에 명사가 나와야 하는데 'take~ for granted'는 과거분사가 나왔다. 문법적으로는 설명이 안 되지만 이런 구문은 관용어구로 그 냥 무조건 외우는 수밖에 없다.

정답: 1. for granted 2. have a vacation 3. agree with me

"mean"

Unit 47. mean

mean은 '의미하다' 라는 뜻을 가진 동사로 Do you mean...?(~라는 말이죠?)라고 하면 상대의 말을 다시 확인하는 표현이다. 구어체에서는 보통 조동사 do를 생략하고 You mean...이라고 쓰는데, 형태는 평서문이지만 문장 끝을 올려 의문문으로 만들 수 있다. 반대로 I mean (that) 주어+동사' 의 형태는 상대의 말을 확인하는 것이 아니라 자신이 한 말을 상대에게 확인시켜 주는 의미이다.

◎ Basic Expressions

1. You **mean** he got fired? — 그가 해고됐단 **말이에요**?
2. You **mean** the red one? — 저 빨간 것 **말이에요**?
3. You **mean** you don't want to go? — 그러니까 당신 말은 가고 싶지 않**다는 거죠**?
4. I **mean** I want you to help me. — 그러니까 내 말은 당신이 도와주었으면 **한다고요**.
5. I didn't **mean** to do that. — **일부러** 그런 게 아니에요.
6. I didn't **mean** to yell. — 소리 지를 **생각은** 아니었어요.

pattern 221 mean to ~

~할 생각이다 / 의도이다

Useful Expressions

❶ I **mean to** go now.
난 지금 가려고 해요.

❷ I **mean to** ask you.
난 양해를 구하려고 했어요.

❸ He **means to** cheat me.
그는 나를 기만할 작정이에요.

❹ She **means to** say that.
그녀는 그 얘기를 할 생각이에요.

❺ I **mean to** say you are very smart.
난 당신이 똑똑하다고 얘기하려고 했어요.

Dialogue

A : 너 뭐할 작정이야?
B : I don't have any plans.
A : How about coming over? Bob and Lisa are here.
B : O.K. I'm on my way. I'll be there in ten minutes.

A : What do you mean to do?
B : 특별한 계획은 없어.
A : 우리 집에 오는 건 어때? 밥과 리자가 여기 와 있는데.
B : 좋아, 곧 갈께. 10분 후면 도착할거야.

Exercises

1. I _____ meant to hurt you.
   절대로 당신 마음을 아프게 하려는 것은 아니었어요.
2. I _____ to do so earlier, but I was tied up.
   더 일찍 하려고 했지만 너무 바빴어요.
3. Did you mean to say that her ideas _____ _____ ?
   그녀의 생각이 틀렸다고 말하려던 거였어요?

Point Tip!

● 'I mean to+동사'의 형태로 자신의 본래의 계획이나 의도를 나타내는 표현으로 과거시제일 경우 '~하려던 거였어'란 의미로, 이미 지나간 자신이 한 말이나 행동에 대해 변명이나 설명할 때 쓸 수 있는 표현이다.

정답. 1. never 2. meant 3. were wrong

I didn't mean to ~

~하려던 게 아니었어요

Useful Expressions

❶ **I didn't mean to say so.**   그렇게 말할 생각은 아니었어요.
❷ **I didn't mean to frighten you.**   당신을 놀라게 하려던 것은 아니었어요.
❸ **I didn't mean to say it like that.**   그런 의도로 말한 것은 아니었어요.
❹ **I didn't mean to make you angry.**   당신을 화나게 하려고 한 건 아니었어요.
❺ **I didn't mean to take it out on you.**   당신한테 화풀이 할 생각은 아니었어요.

Dialogue

A : Don't you think you're being rude?
B : 미안해, 하지만 너에게 상처를 주려던 게 아니었어.
A : I never dreamed you would say that.
B : I'm terribly sorry. I won't do it again.

A : 좀 무례하다고 생각하지 않니?
B : **Sorry, but I didn't mean to hurt your feelings.**
A : 네가 그런 말을 할 줄은 꿈에도 몰랐어.
B : 정말 미안해. 다시는 안 그럴게.

Exercises

1. I don't mean to _____ you.   당신의 기분을 상하게 하려는 의도는 아니었어요.
2. I didn't mean to _____ _____ you.   당신을 놀리려고 한 것은 아니었어요.
3. I didn't mean to step on _____ _____.   고의로 당신의 발을 밟은 것은 아니었어요.

Point Tip!

● 'I didn't mean to+동사...'의 형태로 자신의 말이나 행동에 대한 설명을 할 때 사용되는 표현이다. 본의 아니게 폐를 끼쳤거나 뜻하지 않은 결과에 대해 상대방의 오해를 풀고자 할 때 사용할 수 있다.

정답: 1. offend 2. pick on 3. your foot

(Do) you mean ~?

(그러니까) ~라는 말인가요? / 당신 말은 ~라는 거예요?

Useful Expressions

❶ **(Do) you mean** to leave him? — 그를 남겨 두라는 말씀이신가요?
❷ **(Do) you mean** it's impossible? — 불가능하다는 말씀이신가요?
❸ **(Do) you mean** you're going now? — 지금 가신다는 말씀이신가요?
❹ **(Do) you mean** you're off on a trip tomorrow? — 내일 여행을 떠나시겠다는 말씀이신가요?
❺ **(Do) you mean** we have to economize more? — 우리가 좀더 절약해야 한다는 말씀이신가요?

Dialogue

A : I'd like to reserve a single room for tonight.
B : I'm sorry. They are all reserved.
A : 그러니까 싱글 룸이 없다는 말씀이신가요?
B : Yes. The only room available is a twin.

A : 오늘밤 묵을 싱글룸을 예약하고 싶습니다.
B : 죄송합니다. 모두 예약되었습니다.
A : Do you mean you don't have single rooms?
B : 네. 트윈만 가능합니다.

Exercises

1. Do you mean _____ _____ one? — 하늘색 말씀이신가요?
2. Do you mean you're _____ _____ ? — 당신은 가지 않겠다는 말씀이신가요?
3. Do you mean to say he's _____ for the job? — 그가 그 일에 적합하지 못하다는 말씀이신가요?

Point Tip!

● 'Do you mean+(that)+주어+동사...?' 의 형태로 상대방의 말을 못 알아들어 되묻거나 자신이 제대로 알아들었는지 확인하는 표현이다. 당황하거나 횡설수설하는 상대의 말을 정리하는 의미로도 쓰인다. 구어체에서는 보통 조동사 do를 생략하고 **You mean..?**이라 한다.

정답. 1. the blue 2. not going 3. unfit

Unit 48. get

get은 다양한 의미로 다양한 쓰임새를 가지고 있는 동사이다. 'get+명사' 의 형태로 '얻다' '받다' '손에 넣다' 라는 기본 의미에서부터 어디에 도착하거나, 뭔가를 갖다 주거나, 전화를 받거나, 버스를 타거나, 머리를 자르거나, 병에 걸리거나, 점점 ~하게 되거나, ~하게 만들거나, 차를 고치는 것까지 get을 이용하여 표현할 수 있다.

◎ Basic Expressions

❶ I got the flu. 나 독감에 걸렸어요.
❷ I got a new job. 나 새 일자리를 구했어요.
❸ I got fired today. 나 오늘 해고당했어요.
❹ I get red when I drink. 나는 술을 마시면 얼굴이 빨개져요.
❺ I got my driver's license today. 나 운전면허 땄어요.
❻ He always gets me upset. 그는 항상 나를 화나게 해요.

be getting + 형용사 ~

점점 ~해지고 있어요

Useful Expressions

❶ I'm getting better grades. — 성적이 점점 더 좋아지고 있어요.
❷ The weather is getting better. — 날씨가 차차 좋아지고 있어요.
❸ The days are getting shorter. — 해가 점점 짧아지고 있어요.
❹ I am getting worse and worse. — 증세가 점점 나빠지고 있어요.
❺ I'm getting that heavy feeling again. — 마음이 다시 착잡해지는군요.

Dialogue

A : Hi, long time no see.
B : Hi. Fancy meeting you here.
A : You look great!
B : 넌 날이 갈수록 더욱 예뻐지는 거 같은데.

A : 안녕, 오랜만이야.
B : 안녕. 여기서 만나다니 반가워.
A : 좋아 보인다!
B : You're getting prettier by the day.

Exercises

1. I'm _____ _____ to the work. — 일에 익숙해지고 있어요.
2. It's _____ _____ and hotter. — 날씨가 점점 더워지고 있어요.
3. I'm _____ _____ at English. — 영어실력이 점점 나빠지고 있어요.

Point Tip!

● 'be getting+비교급 형용사…'의 형태로 get의 진행형 getting 뒤에 better나 worse 등의 비교급 형용사가 와서 '점점 ~해지다'라는 뜻을 나타낸다. 비교급 대신 원급이 와도 의미상 큰 차이는 없다.

정답. 1. getting used 2. getting hotter 3. getting worse

pattern 225 get+사람+사물 ~

~에게 ~을 사다주다 / 가져다주다

Useful Expressions

❶ Can I **get** you a drink? — 뭐 좀 마실래요?
❷ I'll **get** you some ice. — 얼음을 좀 가져올게요.
❸ I'll **get** you some literature. — 팸플릿을 좀 갖다 드리겠습니다.
❹ Please **get** me some bread. — 빵 좀 사다 줘요.
❺ Let me **get** you a piece of pizza. — 피자 한 조각 갖다 줄게요.

Dialogue

A : I dropped my knife.
B : I'll get you a new one.
A : 신문도 좀 가져다주실래요?
B : Sure. Just a moment, please.

A : 나이프를 떨어뜨렸습니다.
B : 새 것으로 가져다 드리겠습니다.
A : Will you get me a newspaper, too?
B : 네, 잠시만 기다리세요.

Exercises

1. I'll get you _____ _____. — 내가 커피 좀 갖다 줄게요.
2. Would you please _____ _____ a blanket? — 담요를 갖다 주실 수 있습니까?
3. Please ___ ___ ___ ___ when you go to the store. — 가게에 가면 콜라 좀 사다줘요.

Point Tip!
- get 다음에 두 개의 목적어가 나온 형태로 여기에서 get은 buy와 give의 의미를 다 가진 동사로 쓰인다. 'get+사물 for 사람'의 형태도 같은 의미로 사용된다. '~을 가져다 주세요.'라는 표현은 'Get me~, please.'라고 한다.

정답: 1. some coffee 2. get me 3. get me a coke

pattern 226 get+명사+과거분사 ~   ~당하다 / 해 받다

Useful Expressions

① I **got** my ears pierced. — 나 귀 뚫었어요.
② I **got** my hair permed. — 나 파마했어요.
③ I **got** my injury dressed. — 상처를 치료받았어요.
④ I **got** my car washed today. — 오늘 세차했어요.
⑤ I **got** my finger pricked by a thorn. — 손에 가시가 찔렸어요.

Dialogue

A : 나 어제 머리했어.
B : It's lovely. Where do you get your hair cut?
A : I got it at a beauty salon in my neighborhood.
B : You look stunning.

A : I got my hair done yesterday.
B : 예쁘다. 어디에서 머리 잘랐어?
A : 우리 동네 미용실에서 했어.
B : 당신한테 너무 잘 어울려.

Exercises

1. I got my car _____ . — 나 차 고쳤어요.
2. I got my leg _____ . — 내 다리가 부러졌어요.
3. I got my eyes _____ at optician. — 안경점에서 시력검사를 받았어요.

Point Tip!

● 'get+명사+과거분사…'의 형태로 다른 사람이 한 일을 '해 받다' '당하다'의 의미이다. 'have+명사+과거분사…'와 같은 형태로 이와 같은 문형에서 get과 have는 서로 바꿔 쓸 수 있다.

정답. 1. fixed 2. broken 3. tested